무조건 합격하는 필승 마인드셋

365

디데이
공부 일력

•• 연수남 지음

니들북

무조건 합격하는 필승 마인드셋 365
디데이 공부 일력

1판 1쇄 인쇄 2025년 9월 30일
1판 1쇄 발행 2025년 11월 3일

지은이　　연수남
발행인　　황민호

본부장　　박정훈
책임편집　윤혜림
기획편집　김선림 신주식 최경민
마케팅　　이승아
제작　　　최택순 성시원

발행처　　대원씨아이㈜
주소　　　서울특별시 용산구 한강대로15길 9-12
전화　　　(02)2071-2094
팩스　　　(02)749-2105
등록　　　제3-563호
등록일자　1992년 5월 11일

www.dwci.co.kr

ISBN 979-11-423-3238-8 02370

- 이 책은 대원씨아이㈜와 저작권자의 계약에 의해 출판된 것이므로 무단 전재 및 유포, 공유, 복제를 금합니다.
- 이 책 내용의 전부 또는 일부를 이용하려면 반드시 저작권자와 대원씨아이㈜의 서면동의를 받아야 합니다.
- 잘못 만들어진 책은 판매처에서 교환해드립니다.

공부 시작일: _____년 ____월 ____일

나의 디데이: _____년 ____월 ____일

D-

나의 목표: _____

연수남

구독자 10만 명 이상을 보유한 공부법 유튜브 〈연수남TV〉의 운영자이자 현직 최상위권 대학병원 교수. 채널명인 '연수남'은 '연세대 수석 남자'의 줄임말로, 그가 만들어낸 독창적인 공부법과 경험을 기반으로 한 콘텐츠로 큰 인기를 끌고 있다.

연세대학교 공대에 입학한 그는 대학교에 가는 것이 공부의 끝이 아니라는 사실을 깨닫고 자신이 하고 싶은 일을 찾기 위한 공부를 다시 시작했다. 그동안 터득했던 공부법들을 토대로 자신만의 공부 기술을 만들었고, 그 결과 대학을 수석으로 졸업할 수 있었다. 이후 최상위권 의·치의학 전문대학원을 졸업하고 인턴과 레지던트를 거쳐 전문의 자격 및 박사 학위를 취득했다.

연수남의 공부 노하우를 정리한 첫 책, 《모든 시험에 적용되는 33가지 진짜 공부법》은 출간 즉시 베스트셀러에 오르며 2달도 채 되지 않아 1만 부 이상 판매, 대만 수출 등의 성과를 거두었다.

이에 힘입어, 수험생들의 공부 마인드셋 형성에 도움을 주고자 두 번째 책 《디데이 공부 일력》을 출간한다. 매번 커리어의 정점을 찍으며, 새로운 일에 도전하는 그의 열정을 이 책을 통해 배워보도록 하자.

저자의 말

오전 6시, 알람이 울리지 않아도 저절로 눈이 떠집니다. 하루가 기대되기 때문입니다. 1시간 30분 정도 운동을 하고, 아침 식사를 챙겨 먹습니다. 출근해서는 진료를 보고, 틈날 때마다 더 나은 치료를 위해 논문을 검색합니다. 퇴근 후에는 유튜브 채널 〈연수남TV〉를 위한 콘텐츠를 준비합니다.

제 루틴을 아는 사람들은 가끔 묻습니다. "그렇게까지 해야 돼? 이젠 좀 쉬어도 되잖아." 하지만 저는 하루하루가 너무나 소중합니다. 이런 일상을 살아가고 유지할 수 있는 가장 큰 원동력은 바로 마인드셋입니다. 단순한 루틴이나 습관의 문제가 아니라, 과거 수많은 시험을 준비하며 몸에 새겨 넣은 태도이자 마음가짐의 연속이죠.

수험생 시절, 공부법만큼이나 중요한 건 멘탈 관리라는 사실을 절실히 깨달았습니다. 단 하루, 단 한 번의 시험에서 모든 것이 결정되기에, 마음이 흔들리면 그간 갈고닦은 실력을 제대로 발휘하기 어려웠기 때문입니다.

저 역시 처음에는 큰 열정과 포부로 공부를 시작했지만, 시간이 지날수록 지치고, 불안해졌습니다. 매일 반복되는 일상, 부족한 잠, 오르지 않는 실력 앞에서 마음이 약해질 때마다, 책상 앞에 붙여둔 한 줄의 문장이 저를 다시 붙잡아주었습니다.

'한 발만 앞서라. 모든 승부는 한 발짝 차이다.'
짧은 이 한 문장은 지친 마음을 다독이고, 느슨해진 태도에 다시 긴장을 불어넣어 주었습니다. 시험 당일에도 이 말을 떠올리며 불안의 떨림을 기대의 떨림으로 바꿀 수 있었죠.

이 책은 그런 수험의 순간들을 함께 이겨내기 위한 멘탈 가이드입니다. 시험일까지 남은 날짜를 확인할 수 있는 디데이, 마음을 다잡는 명언, 그리고 공부 습관, 태도, 마인드셋에 대한 짧은 조언들을 함께 담았습니다.

책을 든 순간, 이미 여러분은 연수남의 강력한 마인드셋을 장착한 것과 다름없습니다. 이 책과 1년을 함께 보낸다면, 마지막 장을 넘길 즈음 전혀 다른 사람이 되어 있을 것입니다. 단순히, 공부를 잘하는 사람이 되는 게 아닌, 인생 전체를 바꾸는 1년이 될 수 있도록 연수남이 모든 오늘을 응원하겠습니다.

D-365

자세부터 반듯하게 바로잡아라.
구부정하고 웅크린 자세를 당장 버려라.
조던 피터슨

자세와 감정은 깊이 연결되어 있습니다.
당당한 자세는 차분함과 평온함을 유도하는 세로토닌 분비를 촉진시키고, 어떤 두려움에도 맞설 수 있게 합니다.
앞으로 남은 1년, 당당한 자세로 공부하고, 당당하게 목표를 이뤄내 봅시다.

D-Day

자신감 있는 표정을 지으면
자신감이 생긴다.

찰스 다윈

먼 길 걸어오느라 정말 고생 많으셨습니다.
이제는 그 노력을 결과로 증명할 시간입니다.
집을 나서기 전, 거울을 보며 자신감 있는 미소를 지어보세요.
이 미소가 당신을 승리로 이끌 것입니다.

D-364

원하는 것을 얻으려면
원하는 것을 받을 자격이 있어야 한다.
세상은 아직 자격이 없는 사람들에게
보상을 줄 만큼 미친 곳이 아니다.

찰리 멍거

어쩌면 이 세상의 모든 것은 자격 싸움일지도 모릅니다.
우리가 흔히 아는 성공한 사람들은 그 자리에 있을 자격을 갖춘 사람들입니다.
합격을 원한다면, 그 자격을 갖추기 위해 공부를 열심히 해야 한다는 것을 기억하세요.

D-1

끝이 좋으면 다 좋다.
윌리엄 셰익스피어

마지막까지 최선을 다해 잘 마무리하면 그 모든 과정이 의미 있어집니다.
오늘 하루는 일찍 자고, 빠진 준비물은 없는지 차분히 점검하세요.
이제 화룡점정을 찍으러 가봅시다.

D-363

중요한 일이라면,
성공 확률이 낮더라도 그 일을 해야 한다.
일론 머스크

지금 준비하고 있는 그 시험, 당신에게 얼마나 중요한가요?
일 년이라는 시간을 투자하기로 결심할 만큼 중요한 일이 아닌가요?
그렇다면 남은 시간 동안 아무 생각 말고 무조건 올인하세요!

D-2

햇살이 뚫고 나오지 못할 만큼
두터운 구름은 없다.

격언

이제 정말 얼마 남지 않았습니다.
계획대로 열심히 시간을 보내왔다면, 두터운 구름을 뚫을 빛은 이미 충분히 준비된 상태입니다.
지금까지 묵묵히 쌓은 내공을 시험 날 마음껏 뽐내고 오세요.

D-362

선택받는 삶을 살 것인가, 선택하는 삶을 살 것인가.

연수남

인생에 있어 가장 중요한 것 중 하나는 나의 선택권을 늘려가는 것입니다.
공부는 그 선택권을 늘리는 가장 확실한 방법입니다.
반대로 공부를 하지 않는다면, 남이 나를 선택해 주길 바라는 수동적인 삶의 가능성이 높아지죠.
주체적이고, 행복한 삶을 살기 위해 공부를 해야 할 당위성은 충분해 보입니다.

D-3

**항상 편안한 마음으로 문제에 접하라.
긴장된 상태에서는 정상적인 판단은 어렵다.**

로버트 H. 슐러

지금까지 충분히 잘해 왔습니다.
이제 중요한 것은 편안한 마음을 가지고 마무리를 하는 것입니다.
평정심을 유지할 수 있도록 마인드 컨트롤을 잘해봅시다.
4-7-8 호흡법도 잊지 마세요!

D-361

1퍼센트의 가능성,
그것이 나의 길이다.
나폴레옹

목표를 세웠다는 것, 1퍼센트의 가능성이라도 보고 해보기로 결심했다는 것은 결코 작은 시작이 아닙니다.
작은 가능성으로 시작한 1년이 어쩌면 당신의 인생을 송두리째 바꿀 중요한 기간이 될 수도 있다는 걸 명심하세요.

D-4

완벽함은 그다지 전달력이 없다.
요요마

완벽을 추구하다 보면 사소한 것에 너무 많은 시간을 뺏깁니다. 딱 한 장으로 정리한 개념 정리본만 보며 핵심에 집중하세요. 과감히 버릴 것은 버리고 아는 것을 단단히 지켜야 할 때입니다.

D-360

하루에 3시간을 걸으면 7년 후에는
지구를 한 바퀴 돌 수 있다.
사무엘 존슨

지구 한 바퀴를 도는 건 불가능해 보입니다.
하지만 하루 3시간 걷는 건 충분히 가능하게 느껴지죠.
천리 길도 한 걸음부터 시작입니다.
지금 당장 책 펴기, 망설일 이유가 있나요?

D-5

끝맺기를 처음과 같이하면 실패가 없다.
노자

처음 시험을 준비할 때의 비장한 각오를 떠올려 보세요.
그때보다 실력은 월등히 올라갔겠지만, 마음은 많이 해이해져 있을 수도 있습니다.
초심으로 돌아가 마음을 다잡고 끝맺음을 제대로 해봅시다.

D-359

최고의 복수는 압도적 성공이다.
프랭크 시나트라

누군가 내 목표를 듣고 안 된다고 하는 사람이 있다면, 굳이 싸우지 마세요.
대인배는 소인배와 싸우는 대신 멋진 결과로 복수합니다.
공부하다 졸음이 밀려온다면 그 사람의 얼굴을 떠올려보세요.
복수심은 때로 목표를 이루는 강력한 원동력이 됩니다.

D-6

나는 미래에 대해 생각하는 법이 없다.
어차피 곧 닥치니까.
알버트 아인슈타인

시험 당일에 대해 너무 걱정하지 마세요.
어차피 곧 오게 되어 있습니다.
지금까지 쌓아온 노력이 실력을 제대로 발휘하게 해줄 것입니다.

D-358

매일 행복하진 않지만, 행복한 일은 매일 있어.
A. A. 밀른, 《곰돌이 푸》

독서실까지 버스 타기 대신 걸으면서 바람 쐬기,
하루 목표치를 끝낸 뒤 먹는 초콜릿 한 조각,
쉬는 시간에 친구와의 5분 수다 타임….
수험 생활 속에서도 행복을 잃지 않는 자신만의 방법을 찾아보세요.

D-7

기회는 눈 깜빡하는 사이 지나간다.
순발력을 키워라.

이건희

준비 과정은 길고 길게 느껴졌겠지만, 시험은 순식간에 끝납니다.
이제 순발력을 키워야 할 시간입니다.
타이머를 맞춰 놓고 모든 문제를 실전처럼 풀어보세요.

D-357

우리에겐 이미 세상을 바꿀 힘이 있고,
더 나은 세상을 상상할 능력이 있다.

J.K. 롤링

원하는 목표를 이뤄낸 미래의 나는 어떤 모습일까요?
제대로 생각할 시간이 없었다면, 지금 한번 상상해 보세요.
어떤가요?
그 미래, 내 것으로 만들고 싶지 않나요?

D-8

끝날 때까지는 끝난 게 아니다.
요기 베라

본인의 현재 실력에 실망하지도, 자만하지도 마세요.
진짜 승부는 끝나는 순간까지 계속됩니다.
시험 직전, 마지막 며칠 사이에도 수많은 '역전 드라마'가 써집니다.
멘탈을 붙잡고, 평정심을 유지한 채 레이스를 끝까지 완주한 사람만이 진짜 승리를 거머쥘 수 있습니다.

D-356

**20대의 인생은 10대가 결정하고,
30대의 인생은 20대가 결정한다.
40대의 인생은 30대가 결정하고,
50대의 인생은 40대가 결정한다.**

연수남

당신이 지금 보내고 있는 시간이 앞으로의 인생을 결정합니다.
매일 열정을 가득히 꽉 채워보세요.
10년 뒤, 누구보다 만족스러운 인생이 기다리고 있을 겁니다.

D-9

기회는 준비된 자에게 온다.
격언

이제부터는 최종 점검과 컨디션 관리가 중요한 시간입니다.
불필요한 불안은 내려놓고, 평정심을 유지하세요.
마음의 여유는 나의 힘이 됩니다.

D-355

사람은 성장하고 있거나
썩어가고 있거나 둘 중 하나다.
중간은 없다.
가만히 서 있다면 썩어가고 있는 것이다.
앨런 아킨

당신은 성장하고 있는 공부를 하고 있나요, 아니면 마이너스 공부를 하고 있나요?
확실히 말할 수 있는 사실은 어설프게 하는 공부는 분명 시간만 깎아먹는 마이너스 공부라는 것입니다.
가슴이 벅찰 정도로 열심히 한다면 분명 성장하는 공부를 하게 될 것입니다.

D-10

어느 정도의 걱정, 고통, 고뇌는 항상 필요하다.
무거운 짐을 싣지 않은 선박이 불안정하여
나아갈 수 없는 것과 같다.

쇼펜하우어

걱정, 고통, 고뇌는 시험을 앞둔 사람이라면 누구나 겪는 감정입니다.
지금부터는 무거운 감정은 내려놓고, 자신감, 기대, 희망을 짊어지고 남은 목표까지 달려봅시다.

D-354

**조급함으로 말미암아
우리는 역경의 가장 날카로운 가시에 찔린다.**
조지 훈

열심히는 하되 조급해하지 마세요.
조급함은 뇌의 최적화를 방해해, 오히려 집중을 막고 실수를 부릅니다.
여유는 갖되, 최선을 다하는 마음을 늘 간직하도록 합시다.

D-11

시련은 있어도 실패는 없다.

정주영

모든 것이 끝나는 시점은 시험을 못 봤을 때도 아니고, 불합격했을 때도 아닙니다.
내가 포기하는 그 순간이 바로 모든 가능성이 사라지는 순간입니다.
놓지 않는 한, 가능성은 늘 열려 있습니다.

D-353

**인내는 기다리는 능력이 아니라
기다리는 동안 좋은 태도를 유지하는 능력이다.**
조이스 마이어

막연하게 인내심을 갖고 버티라고 하면 어떻게 하라는 건지 잘 와닿지 않습니다.
하지만 매일 일력의 문장을 읽으며 긍정적으로 하루를 시작해 보는 것은 어떨까요?
긍정적인 마음은 습관이 되고, 우리의 인내심을 더욱더 상승시키는 선순환 구조를 만들 것입니다.

D-12

승리에서 패배에 이르는 길은
단 한 걸음에 지나지 않는다.
아주 사소한 일이 중요한 결정을 짓는 것이다.
격언

합격 당락이 단 한두 문제 차이로 결정되는 경우는 상당히 많습니다.
지금 이 순간부터 남은 날까지 작은 계획 및 전략 하나가 당신의 운명을 바꿀 수 있습니다.
철저한 시간 계획과 실전 연습에 돌입하세요.

D-352

게으름의 위험과 비교하면
과로의 위험은 경미하다.
토머스 에디슨

온몸이 결리고 피곤하다면, 아직 몸에 공부 습관이 자리 잡지 않은 탓입니다.
열심히 공부해서 건강을 해칠 위험보다, 게으름으로 미래를 망칠 위험이 더 크다는 걸 기억하세요.
가벼운 스트레칭을 한 번하고, 바른 자세로 앉아 오늘의 할 일을 시작해 봅시다.

D-13

> 넌 네가 믿는 것보다 용감하고,
> 보기보다 강하고, 네 생각보다 더 똑똑해.
> A. A. 밀른, 《곰돌이 푸》

본인의 능력을 불신한 채로 계속 나아가는 건 목발을 짚고 달리는 것과 같습니다.
반대로 스스로의 잠재력을 믿는 순간, 우리는 제트기를 탄 듯 빠르게 앞으로 나아갈 수 있습니다.
가장 먼저, 가장 깊이 나를 믿어줘야 할 사람은 바로 '나 자신'입니다.

D-351

공부 부스터가 필요한가?
별거 없다. 매일 아침을 챙겨 먹어라.

연수남

상위권 학생의 90퍼센트는 아침을 매일 먹습니다.
아침 식사는 공부 의욕과 능률을 높이고, 미래를 긍정적으로 생각하게 하는 효과가 있습니다.
높은 효율로 공부하고 싶다면 반드시 아침을 챙겨 드세요.

D-14

모든 죄악의 근본은 조바심과 게으름이다.
프란츠 카프카

디데이가 가까워질수록 조바심은 커지는데, 막상 몸은 게으름을 피우고 있다면 최악의 대처입니다.
몸은 부지런히 움직이되, 마음은 최대한 편한 상태를 유지해야 합니다.
시험 당일까지 페이스를 잃지 마세요.
여태까지 쌓아왔던 당신의 노력이 자신감의 근거가 되어줄 것입니다.

D-350

수입의 1%를 책을 사는데 투자하라.
옷은 해지면 입을 수 없어 버리지만
책은 시간이 지나도 위대한 진가를 지니고 있다.
김수환 추기경

책과 함께하는 인생은 강력한 무기를 하나씩 장착해 나가는 것과 다름없습니다.
남들과 다른 인생을 살고 싶다면 반드시 책을 가까이하세요.
인생에서 절대 후회하지 않는 투자는 바로 나의 내면을 채우는 데 사용되는 돈과 시간입니다.

D-15

사람들은 할 수 있다고 믿어줄 때,
자신이 할 수 있는 것보다 훨씬 더 많이 발전한다.
존 맥스웰

여러분의 곁에는 늘 여러분을 믿고 응원하는 사람들이 있습니다.
그 믿음은 스스로 생각하는 한계를 넘어설 힘이 되죠.
나를 믿어주는 소중한 사람들의 얼굴을 떠올리며 오늘도 힘내 봅시다.

D-349

**수험생에게 단 하나의 취미를 추천한다면
걷기, 걷기, 그리고 또 걷기다.
아무것도 하기 싫을 땐 무조건 나가서 빠르게 걸어라.**

연수남

하루 40분의 빠른 걷기는 우리 몸에 큰 변화를 줍니다.
체중 감량, 하체·코어 근육 강화, 면역력 강화 등의 효과가 있습니다.
무엇보다도, 스트레스 감소, 수면 질 개선, 집중력과 기억력 향상에 큰 도움을 줍니다.
1년 동안 이 취미만 확립해도 인생의 절반은 변할 것입니다.

D-16

네 장미꽃이 소중한 이유는,
네가 장미를 위해 들인 시간 때문이야.
생텍쥐페리, 《어린 왕자》

우리의 시간은 무한하지 않기에 소중합니다.
그런 소중한 시간을 들여 매일같이 이어온 노력이라면, 그건
분명 아주 중요한 일이라는 뜻이겠죠?
노력의 결실이 꽃 필 때까지, 하루하루를 정성으로 채워봅시다.

D-348

아침에 일어날 때마다
할 일이 있다는 것에 감사하라.

찰스 킹슬리

어제와 똑같은 오늘, 반복될 내일이 답답할 때가 있습니다.
하지만 꿈을 위해 노력할 수 있는 시간과 환경이 모두에게 주어지는 것은 아닙니다.
도전할 수 있는 본인의 삶에 감사해 보는 것은 어떨까요?

D-17

과거는 생각하기 위해,
현재는 일하기 위해,
미래는 즐거움을 위해 존재한다.
벤저민 디즈레일리

과거는 반성하고 배우기 위한 자료입니다.
현재는 행동의 시간입니다.
미래는 보상의 시간입니다.
합격 후 누릴 자유, 성취감, 원하는 삶을 상상해 보세요.
그 미래는 지금의 실천 위에 세워집니다.

D-347

작은 것에도 만족하지 못하는 사람은
그 어떤 것에도 만족할 수 없는 사람이다.
에피쿠로스

시험은 인생의 전부가 아니고, 시험이 끝난다고 인생이 끝나는 것도 아닙니다.
불평불만으로 가득 찬 수험 생활을 보내는 사람이 합격 후에는 과연 행복할까요?
과정을 즐길 줄 아는 사람이 더 달콤한 결과와 인생을 맛볼 수 있습니다.

D-18

삶이 너에게 레몬을 준다면
레모네이드를 만들어라.

미국 속담

세상은 당신에게 줄 깜짝 선물을 가득 숨겨 두고 있습니다.
당신이 원하는 것도, 예상치 못한 깜짝 선물도 있죠.
진심으로 자신의 삶에 최선을 다하는 사람은 원치 않았던 선물조차 즐거움으로 바꾸는 힘이 있습니다.
당신은 '합격'이라는 달콤한 레모네이드를 마실 준비가 되어 있나요?

D-346

지금으로부터 1년 후
오늘 시작했더라면 좋았을 걸 하고 바랄 수 있다.
카렌 램

우리는 종종 과거를 후회하곤 합니다.
'그때 조금만 더 열심히 했으면 지금과는 다른 인생을 살고 있을 텐데' 하고 말이죠.
동기부여가 잘 안될 때는 미래의 나를 지금으로 불러내 조언을 해준다고 생각해 보세요.
"왜 열심히 하지 않았어?"라는 원망의 말보단 "지금처럼만 하면 돼!"라는 칭찬을 듣고 싶지 않나요?

D-19

성공할 때까지 기다릴 수 없어서 그냥 했다.
조너선 윈터스

성공은 기다리는 자에게 오지 않습니다.
기다리지 말고, 그냥 하세요.
주저하지 말고, 움직이세요.
먼 훗날, 누군가 성공의 비결을 묻는다면, "그냥 해야 하는 걸 될 때까지 했을 뿐이야"라고 담담히 말하는 사람이 되어 봅시다.
그런 사람에게는 사람도, 기회도, 성공도 자연스럽게 따라오게 되어 있습니다.

D-345

**천재성은 하늘이 내린 인내심이다.
천재성은 나 역시 가질 수 없지만
인내심은 모두 가질 수 있다.**

우드로 윌슨

천재는 타고난 1%의 두뇌를 가진 사람만이 아닙니다.
50%의 두뇌를 가졌어도 상위 1%의 인내심을 갖고 있다면 이 역시 천재입니다.
얼마나 공평한 싸움인가요?
천재가 아니어도 이길 수 있는 이 게임을 즐겁게 받아들여봅시다.

D-20

단점을 찾기는 쉽지만,
그것을 고치는 것은 어렵다.

플루타르코스

오답노트를 꺼내 들 시간입니다.
가장 많이 틀렸던 파트를 찾아 점검하세요.
새로운 지식을 넣기보다는 약점 파트를 극복했을 때, 고득점이 가능합니다.

D-344

**목적 없는 공부는 기억에 해가 될 뿐이며,
머릿속에 들어온 어떤 것도 간직하지 못한다.**
레오나르도 다 빈치

공부는 늘 목적과 함께 해야 합니다.
거시적인 목적은 내가 공부를 해야 하는 이유, 미시적인 목적은 각 단원에서 내가 어떤 것을 얻어야 하는지에 대한 인지입니다.
목적 없는 공부는 아무것도 남지 않습니다.

D-21

나는 내가 더 노력하면 노력할수록
운이 더 좋아진다는 것을 발견했다.

토머스 제퍼슨

운도 기적도 노력하는 사람에게 따르는 법입니다.
찍기의 운도 아는 게 많을수록 확률이 올라갑니다.
시험 당일 많은 운이 들어오길 기대한다면 그만큼 더 열심히 합시다.

D-343

스트레스와 불안,
육체적 피로에서 벗어나고 싶다면
4초간 코로 숨을 들이쉬고,
7초간 숨을 멈춘 뒤,
8초간 입으로 길게 내쉬어 보자.

연수남

이 복식 호흡법은 스트레스 감소와 불안·긴장·통증 완화,
집중력 향상, 피로 회복 등의 효과가 있습니다.
4-7-8 호흡법, 지금부터 꾸준히 해보세요.
피로한 정신과 육체의 강력한 회복제가 되어줄 것입니다.

D-22

**스트레스와 불행은
자신이 처한 상황에서 오는 것이 아니라,
그 상황에 대처하는 방식에서 온다.**
브라이언 트레이시

때로는 상황 자체가 스트레스고 불행이라 느낄 수 있습니다.
하지만 그 상황을 어떻게 받아들이고, 어떻게 반응하느냐가
결국 마음의 상태를 결정합니다.
밝은 미래를 향해 달려가는 과정이라 생각하고 기쁘게 받아
들여보세요.

D-342

절대 어제를 후회하지 마라.
인생은 오늘의 내 안에 있고,
내일은 내 스스로 만드는 것이다.
론 허버드

과거는 바꿀 수 없습니다.
하지만 현재와 미래는 지금부터 만들어갈 수 있습니다.
후회로 오늘과 내일을 얼룩지게 만들지 마세요.
아직 미래를 빛나게 만들 충분한 시간이 남아 있습니다.

D-23

알찬 하루를 보낸 후에는 행복하게 잘 수 있다.
마찬가지로 알찬 삶을 보내야
행복한 죽음을 맞이할 수 있다.
레오나르도 다 빈치

하루를 꽉 채운 날은, 잠들기 전에도 마음이 뿌듯합니다.
인생도 마찬가지입니다.
충실히 살아낸 사람만이 마지막 순간에 미소 지을 수 있습니다.
훗날 이 시기를 떠올렸을 때, '나 정말 열심히 살았구나'라는
마음이 들도록, 지금, 이 하루를 후회 없이 채워가세요.
이제 정말 얼마 남지 않았습니다.
유종의 미를 거둡시다.

D-341

야망은 성공으로 가는 길이다.
끈기는 당신이 그곳에 도착하는 수단이다.
빌 브래들리

성공의 공식은 생각보다 단순합니다.
야망 × 끈기.
이것 말고 더 설명할 단어가 필요할까요?
꿈은 크게, 가슴은 뜨겁게, 오늘도 한 발 한 발 묵묵히 나아간다면 원하던 곳에 어느새 도착해 있을 겁니다.

D-24

다들 나이를 먹으면 많은 것을
포기해야 한다고 말한다.
하지만 나는 많은 것을 포기하기 때문에
나이를 먹는 것이라고 생각한다.

시어도어 그린

시험을 준비하는 기간 동안 나만 뒤처지고, 시간만 흘러가는 것이 아닌가 하는 걱정을 하고 있지는 않나요?
끊임없이 성장하고 도전하는 사람은 오히려 하루하루 더 젊어집니다.
시간이 흐를수록 더 많은 것을 이루고, 발전하는 삶.
얼마나 인생이 즐겁고 신날까요?

D-340

**자신이 모르는 것을 아는 것이
뛰어난 것보다 더 유용하다.**

찰리 멍거

'메타인지'란 자신의 생각과 학습 과정을 자각하고 조절하는 능력입니다.
즉, '자신이 모르는 것을 아는 능력'이라고도 할 수 있죠.
성공적으로 학습하고 성과를 달성하기 위해서는 메타인지가 정확히 되는 것이 중요합니다.
모르는 게 많다고 좌절하지 말고 더 높은 단계로 가는 길을 찾는다고 생각해 봅시다.

D-25

지나치게 숙고하는 인간은 큰일을 성취할 수 없다.

요한 실러

결과에 대해 너무 많이 생각하는 것은 오히려 악영향이 될 수 있습니다.
과정에서 충분히 고민했다면, 이제 결과는 자신에게 믿고 맡기세요.
지금까지 쌓아온 정직한 노력은 결코 당신을 배신하지 않을 것입니다.

D-339

두려움이 믿음보다 더 크게 자라도록 허용할 때
당신은 스스로의 꿈을 가로막게 된다.
메리 매닌 모리시

시험은 누구에게나 두려운 일입니다.
하지만 합격할 수 있다는 믿음, 나의 능력에 대한 믿음이 두려움을 압도한다면 걱정할 것이 없습니다.
믿음의 근거는 꾸준한 나의 노력뿐입니다.
근거를 계속 쌓아 나가 두려움을 압도해 버리세요.

D-26

능력이 있으면 천하가 나를 찾을 것이고,
능력이 없으면 천하가 나를 버릴 것이다.

순자

뛰어난 능력을 가진 사람은 어디서든 환영받기 마련입니다. 세상에 꼭 필요한 존재가 되는 것만큼 뿌듯한 일이 있을까요?

D-338

**뭔가 배울 수 있는 실수들은
가능하면 일찍 저질러 보는 것이 이득이다.**
윈스턴 처칠

문제를 풀다 보면 매번 틀리는 부분도 있고, 실수로 틀리는 문제도 있기 마련입니다.
속상하기도 하고 스스로에게 실망스럽기도 하겠죠.
하지만 지금 시기의 실수는 그만큼 도약할 발판이 많이 남아 있다는 뜻입니다.
마음껏 실수하고 마음껏 실력 향상 해보자고요.

D-27

**내게 주어진 어떤 능력도
사용하지 않는 것이 더 두렵다.
미루고 게으름을 피우는 것이 더 두렵다.**

덴젤 워싱턴

누구에게나 타고난 멋진 능력이 있습니다.
이 능력을 십분 활용해 성공할 수 있다면 얼마나 좋을까요?
하지만 이 능력은 성실함 속에서만 빛을 발합니다.
내 안의 가능성이 억울하게 묻히지 않도록 오늘 하루도 열심히 달려 봅시다.

D-337

**노력하기 전까지는 누구도
그가 무엇을 할 수 있을지 모른다.**
푸블릴리우스 시루스

박지성 선수는 어릴 때, 체구가 작아 프로에서 성공하기 어렵다는 평가를 받았지만 끝없는 노력과 성실함으로 아시아 선수 최초 UEFA 챔피언스 리그 우승을 이뤄냈습니다.
타고난 재능이 부족하다고 포기하지 마세요.
박지성급의 노력을 퍼붓는다면 충분히 이 시대의 '공부 레전드'가 될 수 있습니다.

D-28

미래를 예측하는 최선의 방법은
그것을 창조하는 것이다.

알랜 케이

어느새 쌓여온 꾸준함이 '실력'으로 축적된 것이 느껴지지 않나요?
하루하루 해낸 것을 믿고, 지금처럼 앞으로 나아가세요.
꾸준함은 가장 강력한 무기입니다.

D-336

**단지 도착만을 하기 위한 여행이라면
그 여행은 불쌍한 여행이다.**

아서 콜턴

우여곡절이 있는 여행은 평탄하기만 했던 여행보다 큰 기억과 교훈을 남깁니다.
예상치 못한 사건을 겪을수록 대처 능력이 좋아지고 자신감도 자라기 때문이죠.
공부도 마찬가지입니다.
지금 이 시간을 인생의 자양분을 쌓아가는 여정이라 생각하고 계속 정진해 봅시다.

D-29

**많은 인생의 실패자들은 포기할 때,
자신이 성공에서 얼마나 가까이 있었는지 모른다.**

토머스 에디슨

이제 거의 다 왔습니다.
하지만 생각보다 많은 사람들은 자신이 얼마나 합격에 가까워져 있는지 모른 채 포기해버립니다.
포기하지 마세요.
당신은 지금, 성공 바로 앞에 서 있습니다.
조금만 더 손을 뻗어 가까이 있는 성공을 쟁취하세요.

D-335

배움이란 일생 동안 알고 있었던 것을
어느 날 갑자기
완전히 새로운 방식으로 이해하는 것이다.
도리스 레싱

빈칸을 색으로 채울 때, 가로 방향으로 한 번 칠했다가 세로 방향으로 덧칠하면 색이 더 선명해집니다.
한 방향으로만 칠할 때보다 빈틈이 더 잘 메꿔지기 때문이죠.
학습에 있어서도 개념서와 문제 풀이, 기타 학습자료를 반복하며 여러 각도로 빈틈 없이 익힌다면, 완벽한 이해와 암기에 가까워질 수 있습니다.

D-30

우리가 가장 두려워하는 것이
바로 우리가 가장 필요로 하는 일이다.

팀 페리스

디데이가 딱 한 달 남은 이 시점, 모두가 떨리고 걱정되는 마음일 것입니다.
하지만 두려운 만큼 절실한 목표가 아니던가요?
많은 두려움과 불안이 엄습하겠지만 열심히 쌓아온 시간과 실력이 당신을 지켜줄 것입니다.

D-334

당신이 아는 최고보다 더 나은 꿈을 꿔라.
네빌 고다드

모든 분야에서 성공하는 사람들의 공통점은 상상 이상의 높은
꿈을 꾸고 그걸 이미 실현한 것처럼 행동한다는 것입니다.
나의 꿈을 먼저 이뤄낸 사람이 있다면 떠올려 보세요.
그리고 그 이상을 꿈꿔보세요.
그 꿈이 현실이 됩니다.

D-31

실수하는 것은 자연스러운 일이지만, 계속 실수하는 것은 잘못이다.
성 아우구스티누스

아무리 완벽히 준비해도 실수는 생길 수 있습니다.
하지만 비슷한 문제를 반복해서 틀리고, 실수가 시정되지 않는다면 다시 돌아봐야 할 신호입니다.
지금 이 시점에서의 이 신호는 어쩌면 마지막 기회일지도 모릅니다.
진정한 공부는 실수를 찾아내고, 계속 고쳐 나가야 하는 과정임을 명심하세요.

D-333

배우기만 하고 생각하지 않으면 얻음이 없고,
생각하기만 하고 배우지 않으면 위태롭다.

공자

주체적인 인생을 살기 위해선 제대로 생각할 줄 알아야 합니다.
하지만 목적 없는 생각만 계속 이어진다면, 단호하게 끊어버리 줄도 알아야 하죠.
지금은 머릿속에 지식을 채워야 할 시기입니다.
잡다한 고민은 과감히 내려놓고, 당장 필요한 공부에 집중하세요.

D-32

**가장 중대한 실수는
조급함 때문에 일어난다.**

마이크 머독

디데이가 가까워질수록 불안과 조급함이 밀려올 수 있습니다.
하지만 마음이 급할수록 중요한 걸 놓치기 쉽습니다.
항상 가슴은 뜨겁게, 머리는 냉철하게 유지해야 된다는 사실을 기억하세요.

D-332

세상을 탓하기 전에 방부터 정리하라.
조던 피터슨

뜻대로 풀리지 않는 공부에 마음이 복잡하다면, 눈앞의 책상부터 정리를 해보세요.
깔끔히 정돈하는 행동은 작은 성취감을 선사합니다.
이는 작은 성공을 시작했다는 의미이고, 곧 공부를 통한 인생의 성공에도 도달할 수 있다는 암시를 줍니다.

D-33

**해변의 아름다운 조개껍데기를
모두 주울 수는 없다.**

앤 모로 린드버그

이제는 선택과 집중에 더욱 박차를 가할 시기입니다.
시험에 나오지 않을 것 같은 내용이나 아직 완전히 이해하지 못한 개념은 과감하게 내려놓으세요.
마지막에 집중해야 할 것을 제대로 파악한 사람만이 결국 최종 승리자가 될 것입니다.

D-331

아마도 나는 내가 생각하는 것보다 더 강할 것이다.
토머스 머튼

기나긴 수험 생활, 이 믿음 하나만 갖고 나아가 보세요.
당신은 생각보다 강한 존재라는 걸요.
적어도 목표를 세우고, 이 일력을 펼쳐 마음을 다잡고 있는 당신은 굉장히 의지가 강한 사람입니다.
해낼 수 있는 사람이란 걸, 나 자신과 주위 사람들에게 증명해 보세요.

D-34

> 나의 마음이 그것을 품을 수 있고
> 나의 심장이 그것을 믿는다면
> 나는 이를 성취할 수 있다는 것을 알고 있다.
>
> 제시 잭슨

처음 시작할 때 누구나 합격을 꿈꿨을 겁니다.
이제 남은 것은 내 심장이 그것을 진정 믿을 수 있도록 열심히 노력하는 겁니다.
맨 앞장에 썼던 목표를 매일 되새겨보세요.
그럼 곧 현실로 다가올 것입니다.

D-330

**갈망하는 것이나
영혼과 일치하지 않는 일을 할 때마다
고통을 만든다.**

아나이스 닌

내가 간절히 원하는 것을 이루기 위해 하는 노력은 힘겹긴 해도 고통스럽지는 않습니다.
하지만 내가 원치 않는 것을 얻기 위해 하는 노력은 고통스럽기만 하죠.
지금, 무엇을 위해 공부를 하고 있나요?
공부가 힘겨울 때마다 처음 세웠던 목표를 떠올려 봅시다.

D-35

**인생은 자전거를 타는 것과 같다.
계속 페달을 밟는 한 당신은 넘어질 염려가 없다.**

클라우드 페페

원하는 것을 얻는 유일한 방법은 '계속하는 것'뿐입니다.
어떤 일이든 일관된 노력으로 끝까지 해내는 사람은 열에 한 명이 안 됩니다.
끝까지 해낼 수만 있다면 당신의 경쟁자는 10분의 1로 줄어드는 셈이죠.
이렇게 경쟁이 쉬워지는데 끝까지 하지 않을 이유가 있을까요?

D-329

변화는 결코 쉽지 않지만, 언제나 가능하다.
버락 오바마

공부가 어려운 이유는 다들 비슷한 시간을 투자하고, 비슷한 정도의 노력을 쏟기 때문입니다.
남들보다 앞서 나가고 싶다면 남들보다 배 이상의 노력을 해야 합니다.
기억하세요.
생각을 현실로 만드는 것은 그 누구도 아닌 당신입니다.

D-36

당신은 왜 시시하게 살지 않기를 바라면서
평범하게 노력하는가.
존 F. 케네디

누구나 좋은 직업을 갖기를 원하고, 부유한 삶을 꿈꿉니다.
하지만 현실은 냉정하게도, 모두가 원하는 목표를 이룰 수 있는 것은 아닙니다.
노력은 배신하지 않습니다.
하지만 흉내만 내는 '애매한' 노력은 나를 배신할 수 있습니다.

D-328

공중에 성을 쌓았다 하더라도
당신의 노력은 사라지지 않았다.
그것이 바로 그것들이 있어야 할 곳이다.
이제 그 아래에 기초를 쌓아라.

헨리 데이비드 소로

공부를 하다 보면 내가 기초를 잘 쌓아가고 있나 걱정이 들 때가 있습니다.
하지만 헛된 노력이란 없습니다.
열심히 공부한 내용은 당신의 내공이 되어 언젠가 하나의 퍼즐처럼 맞춰질 것입니다.
조급해하지 말고, 퍼즐의 조각을 하나씩 차근히 찾아봅시다.

D-37

**사람이란 자신이 생각하는 것의 산물이다.
생각하는 대로 된다.**

마하트마 간디

합격을 이미 이룬 사람처럼 생각하고 행동하며 공부하세요.
'합격생이라면 어떻게 했을까?'를 기준으로 하루 공부 일과를
실천하다 보면, 합격 마인드가 쌓이고, 실제 실력도 그 믿음
에 맞춰 끌어올려집니다.

D-327

**나를 죽이지 못하는 고통은
나를 더 강하게 만든다.**
니체

수험 생활을 힘들어하는 사람이 있고, 큰 감정 기복 없이 해내는 사람이 있습니다.
그 차이는 어디에서 오는 걸까요?
공부를 고통이라 여기면 끝없이 고통의 늪에 빠지지만, 고통을 허락하지 않는 사람은 슬기롭게 이 시간을 견뎌냅니다.
오늘부터 더 이상 나에게 고통을 허락하지 마세요.

D-38

삶은 고통이다.
이 위대한 진리를 진심으로 받아들이는 순간,
우리는 그것을 극복하기 시작한다.

M. 스콧 펙

나의 준비 상태가 아직 만족스럽지 않다면, 그 불만족을 마지막 변화의 기회로 삼으세요.
내가 가진 고질적인 문제들을 하나씩 점검하며, 최소한 하나라도 완벽히 해결할 수 있도록 끝까지 노력해 봅시다.

D-326

수적천석(水滴穿石)
작은 물방울이 바위를 뚫는다.
사자성어

우리의 목표를 막을 수 있는 것은 아무것도 없습니다.
'의지' 하나만 갖고 있다면 그 어떤 것도 두려울 게 없죠.
포기하지만 않으면 결국은 이룰 수 있습니다.

D-39

어제 넘어졌다면, 오늘은 일어서라.
허버트 조지 웰스

어제의 공부가 잘 안됐다고 좌절하지 마세요.
오늘부터 다시 리듬을 되찾으면 그만입니다.
공부 고수와 하수의 차이는 공부가 안된 날도 의연하게 넘기고 바로 펜을 집어 들 수 있는 정신력에서 옵니다.

D-325

배우기를 멈춘 사람은
스무 살이든 여든이든 늙은 것이다.
배우기를 계속하는 사람은 언제나 젊다.

헨리 포드

공부는 원하는 결과의 가능성을 높이는 과정이기도 하지만, 인생의 기반을 닦는 과정이기도 합니다.
끊임없이 배우고자 하는 사람은 늙지 않습니다.
평생 생명력 넘치는 삶을 원한다면, 배움의 태도를 절대 놓지 마세요.

D-40

많이 읽어라.
그러나 많은 책을 읽지는 마라.

벤저민 프랭클린

교과서 회독 수를 늘려가는 것은 매우 중요합니다.
하지만 너무 많은 책을 동시에 탐독하는 것은 오히려 혼란을 불러올 수 있습니다.
특히, 시험이 얼마 남지 않은 지금 시점에서는 새로운 교재에 손대기보다 익숙한 교재를 반복해서 복습하는 것이 훨씬 효과적입니다.

D-324

**당신의 시간은 한정되어 있으니,
다른 사람의 인생을 사는 데 낭비하지 마라.**
스티브 잡스

'남들도 다 하니까', '부모님이 원해서'라는 생각으로 하는 공부는 100% 나의 것이 될 수 없습니다.
'나'만의 인생, 즐겁고 밝은 미래를 만들어 가는 과정이 바로 공부라는 것을 깨닫는 것부터가 진짜 공부의 시작입니다.

D-41

나는 할 수 있다.
나는 해낸다.
나에게는 저력이 있다.
나에게는 오직 전진뿐이다.
이런 신념을 지니는 습관이 목표를 달성시킨다.
단테

매일 아침 또는 공부 시작 전 스스로에게 이 네 문장을 소리 내어 말하세요.
단순히 기분이 좋기 위해 하는 게 아닙니다.
반복하면 이 신념은 자동 반응처럼 자리 잡아 위기 순간에도 방향을 잃지 않게 합니다.

D-323

용기는 두려움에 대한 저항이고, 두려움의 정복이다. 두려움이 없는 것이 아니다.
마크 트웨인

디데이까지 가는 여정이 막막하고 두렵다면, 이 여정을 시작할 때 세웠던 목표를 기억해 보세요.
여러분이 시작한 여정의 목표는 무엇이었나요?
가치 있는 것은 쉽게 얻어지지 않기 때문에 더욱 귀한 법입니다.
용기 있게 이 두려움을 극복하고, 나만의 보물을 찾으러 떠나봅시다.

D-42

어려우니까 감히 손대지 못하는 것이 아니다.
과감하게 손대지 않으니까 어려워지는 것이다.

세네카

아무리 어려워 보이는 일, 어려운 과목도 일단 뛰어들면 답이 보입니다.
과업을 성취하는 자와 성취하지 못하는 자의 차이는 오직 과감함과 실행력뿐입니다.
목표를 위해서라면 몸이 먼저 움직이는 투지와 열정을 보여주세요.

D-322

모든 인간의 힘은 시간과 인내의 복합체다.
오노레 드 발자크

이 세상 모든 일 중 하루아침에 이루어지는 것은 단 하나도 없습니다.
시간과 인내가 함께하는 노력이 쌓이고 쌓여 결과를 만들죠.
성적을 높이고 합격 확률을 높이고 싶다면, 오늘도 노력을 쌓아야겠죠?

D-43

10분 뒤와 10년 후의 자신의 모습을 동시에 생각하라.

피터 드러커

10분 뒤의 나는 지금 당장 할 수 있는 가장 작은 행동을 선택하는 나.
10년 후의 나는 장기적인 비전과 목표를 이루어낸 나를 의미합니다.
이 두 시선을 함께 가지면 즉시 행동할 수 있는 구체성과 방향을 잃지 않는 일관성을 동시에 확보할 수 있게 됩니다.

D-321

**나는 환경의 산물이 아니라,
나의 선택의 산물이다.**

스티븐 코비

인생은 선택의 연속입니다.
수험 생활을 선택한 시점에서 다음으로 선택해야 할 것은 공부법입니다.
많은 공부법 중 나에게 가장 잘 맞는 공부법을 찾기 위해 끊임없이 시도하고 고민하세요.
그 고민이 합격을 좌우합니다.

D-44

과거와 미래를 바꾸는 방법을 알고 싶은가?
현재 해야 하는 일,
할 수 있는 일에 모든 에너지를 투자하라.
후회됐던 과거마저 아름다운 추억으로 바꿀 수 있다.

연수남

후회되는 일, 미련 남는 일만 곱씹으며 현재를 흘려보내지 마세요.
그저 지금 할 수 있는 일을 하세요.
남은 날을 멋지게 보낸다면 여태까지 쌓아온 시간들을 결코 헛되지 않게 만들 수 있습니다.

D-320

행복은 쾌락이 아니라 의미있는 삶의 부산물이다.
아리스토텔레스

인생의 행복은 어디에 있을까요?
항상 즐거운 상태를 유지하는 것은 현실적이지 않을 뿐만 아니라, 그 순간의 기쁨도 온전히 느끼기 어렵습니다.
오히려 스스로 가치 있다고 느끼는 일을 지속적으로 해 나갈 때, 진정한 행복에 도달합니다.

D-45

내가 잘하면 모든 게 해결된다.

이건희

시험일이 가까워질수록 밀려오는 오만가지 생각과 걱정들,
미래에 대한 불안감.
내가 잘하면 모든 게 해결됩니다.
압도적인 노력으로 슈퍼맨의 능력을 갖춰 봅시다.

D-319

진짜 가치가 있는 곳은 지름길이 없다.
비벌리 실스

단기간에 외운 지식은 쉽게 잊히지만, 시간을 들여 깊이 이해한 내용은 오래도록 기억에 남아 진짜 실력이 됩니다.
공부에는 시간과 노력이 필요하다는 사실을 받아들이는 순간부터 진짜 성장이 시작됩니다.
지름길이 아닌 정직한 길을 선택하세요.
그 길의 끝에 진짜 가치가 기다리고 있습니다.

D-46

**항상 해왔던 것을 한다면
항상 얻던 것만 얻을 수 있을 것이다.**
토니 로빈스

늘 똑같은 방식으로 공부하면서 다른 결과를 기대하는 것은 비현실적입니다.
성적을 올리고 싶다면, 본인의 공부법을 점검하고 변화와 개선을 시도해야 합니다.
성장은 반복이 아니라 혁신에서 시작됩니다.

D-318

지식에 대한 투자는 최고의 보상을 가져다줄 것이다.
벤저민 프랭클린

공부는 절대 사라지지 않는 귀한 자산을 쌓는 일입니다.
특히 변화가 빠른 시대일수록 배우는 힘이 경쟁력이 됩니다.
돈보다 더 큰 수익을 내는 투자는 바로 본인의 지식을 늘리는 일입니다.
주저하지 말고 나에게 투자하세요.

D-47

**많이 하고 있다고 해서
많은 일을 이루고 있는 것은 아니다.
단순한 움직임을 진전으로 혼동하지 말라.**

덴젤 워싱턴

극한의 노력으로 단기간에 많은 일을 해내는 건 분명 멋진 일입니다.
하지만 그 노력이 전적으로 내 실력 향상으로 이어지는지 점검할 필요가 있습니다.
노력의 방향성을 항상 점검하도록 합시다.

D-317

우리는 목표를 달성하기 위해
목표 이상을 목표로 한다.
랄프 왈도 에머슨

진짜 성과는 높은 기준을 세울 때 가능합니다.
80점을 목표로 하면 70점이 나올 수 있지만, 100점을 목표로 한다면 90점도 가능합니다.
자신을 과소평가하지 마세요.
높은 기준이 높은 실력을 만듭니다.

D-48

단단한 바위가 바람에 흔들리지 않듯이,
현명한 사람은 비난이나 칭찬에 흔들리지 않는다.
《법구경》

냉정한 마음을 유지해야 될 때입니다.
점수가 잘 나온다고 자만하지 말고, 점수가 나오지 않는다고 주눅들지 마세요.
끝까지 차분한 마음으로 밀고 나가는 사람이 최종 승리자가 됩니다.

D-316

공부라는 길고 외로운 여정에 음악과 친구가 되어보는 건 어떨까?

연수남

음악은 좌뇌와 우뇌를 동시에 깨우고, 기억력을 높이며 스트레스를 낮춰줍니다.
기분전환과 휴식이 필요할 때, 잠시 눈을 감고 좋아하는 음악 한 곡을 감상해 보세요.
당신의 뇌도, 마음도 다시 힘을 낼 수 있을 거예요.

D-49

이 세상에 결정적 순간이 아닌 순간은 없다.
장 레츠

오늘 하루를 최고의 날이라고 생각해 보는 건 어떨까요?
긍정과 감사를 습관화하면 뇌의 전두엽이 활성화되며 강해집니다.
이는 곧 문제 해결 능력, 집중력, 감정 조절 능력을 향상시키고, 남은 날들도 최고의 날들로 만드는 선순환으로 이어질 것입니다.

D-315

그저 쉬운 것만을 읽지 마라.
그것으로 인해 즐거워질 수는 있지만
당신은 결코 성장할 수 없다.

짐 론

이미 다 아는 내용만 공부하면 공부가 참 쉽고 재밌습니다.
하지만 공부를 쉽게만 하면 시험을 보는 시간이 역설적으로 재미가 없어집니다.
쉽게 공부한 만큼 모르는 내용을 너무 많이 놓쳤기 때문이죠.
모르는 것, 어려운 것 위주로 공부할수록 시험은 더 쉽고 결과는 더 달콤해질 것입니다.

D-50

누군가 엄청난 성공을 이뤘다는 것은,
다른 사람들 또한 그것을 이뤄낼 수 있다는 증거다.

에이브러햄 링컨

성공은 특별한 누군가에게 오는 것이 아닙니다.
지금 노력하고 있는 당신에게도 언젠가 올 미래입니다.

D-314

당신의 약점을 직면하고 인정하라. 하지만 그것이 당신을 지배하게 만들지 마라.

헬렌 켈러

최상위권의 비밀, 바로 메타인지에 있습니다.
본인의 약점을 찾아 수없이 탐구하고 극복하는 과정을 거치세요.
자신의 부족한 부분을 인정하는 것이 첫 번째, 그것을 극복하는 것이 두 번째입니다.
그 이상의 공부법은 없습니다.

D-51

자신감이 있을 때 재미가 붙고,
재미가 느껴질 때 놀라운 일들을 해낼 수 있다.
조 나마스

공부에 있어, 선순환을 만드는 것은 굉장히 중요합니다.
슬럼프에 빠졌을 때는 공부의 난이도를 낮춰 '할 수 있다'는
자신감을 붙여 보세요.
어느 정도 재미가 붙었다면, 다시 서서히 공부의 난이도를
높여 봅시다.

D-313

**상황은 변하지 않는다.
다만, 우리는 변한다.**
헨리 데이비드 소로

현재 우리가 수험생이라는 사실은 변하지 않습니다.
하지만 우리의 실력은 마음먹기에 따라 오를 수도, 내릴 수도 있죠.
긍정적인 마음이 긍정적 결과를 가져올 수 있도록 오늘도 힘차게 시작해 봅시다.

D-52

모든 것은 평생에 한 번 있는 경험이다.
코비 야마다

힘든 시간도, 관점을 바꾸면 특별하고 소중한 시간이 될 수 있습니다.
역사상 희귀한 것이 늘 귀한 가치를 가지듯, 지금 이 순간 역시 인생이라는 책에 단 한 번 등장하는 중요한 장면입니다.

D-312

당신의 꿈에 대해 매일 말하고 있나요?
매일 말한 것을 1순위로 실천한다면
그 꿈은 현실이 됩니다.

연수남

꿈을 이루는 비결은 의외로 단순합니다.
매일 꿈을 되새기고, 이를 위해 행동하기!
꿈을 글로 적어보세요.
그리고 스스로에게 말하거나, 주위 사람들에게 공유해 보세요.
말에는 생각보다 강한 힘이 있습니다.
이 두 가지를 매일 실천한다면, 꿈을 이루는 일이 생각보다 어렵지 않다는 걸 곧 깨닫게 될 것입니다.

D-53

두려움은 학습의 자극제가 아니다.
오히려 학습의 가장 큰 적이다.

존 듀이

불안한 마음속에서는 뇌가 제대로 작동하지 않습니다.
만약 불안이 당신의 머릿속을 계속 흔든다면 일단 책을 내려놓으세요.
그리고 앞서 배웠던 4-7-8 호흡을 하며 이렇게 되뇌어 보세요.
"불안은 아무 것도 바꾸지 못해. 걱정하지 말자!"

D-311

출발하게 하는 힘이 동기라면, 계속 나아가게 하는 힘은 습관이다.
짐 라이언

처음에는 '동기'가 당신을 움직이지만, 시간이 지나면 그 동기는 흐릿해지기 마련입니다.
그때 필요한 것이 바로 '습관'입니다.
매일 같은 시간에 공부하고, 피곤해도 책상에 앉는 루틴을 지켜보세요.
포기하지 않는 힘은 습관에서 나옵니다.

D-54

나는 적을 이기는 사람보다는
자신의 욕망을 이기는 사람이
더 용감한 사람이라고 생각한다.
아리스토텔레스

주변 경쟁자를 의식하며 현재 위치를 가늠하는 것은 도움이 됩니다.
하지만 그것은 어디까지나 참고일 뿐입니다.
이제부터는 오직 '나 자신과의 싸움'에서 이겨야 할 때입니다.
자기 자신을 이긴 사람만이, 결국 모든 싸움에서 승리할 수 있습니다.

D-310

소심하게 굴기에는 인생이 너무나도 짧다.
데일 카네기

1년이란 시간은 길기도 하지만, 눈 깜빡할 사이 지나가는 시간이기도 합니다.
기왕 시작했다면, 대범하게 밀어붙여 봅시다!

D-55

나에게 새로운 철학이 생겼다. 나는 오로지 오늘 하루만 두려워할 것이다.

찰스 슐츠

이미 지나가 버린 과거와, 다가올 미래는 내가 컨트롤할 수 없습니다.
통제할 수 없는 것에 너무 많은 에너지를 쏟지 마세요.
오직 걱정해야 할 것은, 내가 오늘 하루를 충실히 보내지 못하는 것입니다.
멋진 하루를 쌓아 간다면 역설적이게도 과거와 미래도 그에 걸맞게 멋지게 변할 것입니다.

D-309

**좋은 책을 읽는 것은
지난 세기의 가장 훌륭한 사람들과
대화하는 것과 같다.**
르네 데카르트

교과서와 책에 담긴 내용들은 검증된 역사와 진리의 산물입니다.
공부를 단순한 암기가 아닌, 위대한 지성들과의 대화로 받아들여보세요.
삶의 깊이도, 나 자신도 한 단계 더 업그레이드할 수 있는 기회입니다.

D-56

행동이 모든 성공의 기초다.
파블로 피카소

지금부터는 더욱 철두철미하게 시간 관리를 할 때입니다.
멍하니 흘려보낼 시간은 더 이상 없습니다.
열심히 공부를 하든, 적극적으로 휴식을 취하든, 시간 관리의
마법사가 되세요.
작은 습관의 차이가, 결국 큰 결과의 차이를 만듭니다.

D-308

평범한 사람도 비범함을 선택할 수 있다.
일론 머스크

당신은 평범한 사람인가요? 비범한 사람인가요?
평범함을 택한 사람은 평범한 목표를 세우고 평범한 일생을 살게 될 것입니다.
비범함을 택한 사람은 비범한 목표 설정과 노력 아래 특별한 삶을 살 수 있게 되죠.
한 번 사는 인생, 비범함을 택해 보는 게 어떨까요?

D-57

어떤 것을 완전히 알려거든
그것을 다른 이에게 가르쳐라.

트라이언 에드워즈

가장 강력한 공부법 중 하나는, 공부한 내용을 다른 사람에게 설명해 보는 것입니다.
주변 친구들이 자주 물어본다면 오히려 기쁜 마음으로 대답해 보세요.
만약 그럴 기회가 없다면, 스스로에게 설명해 보세요.
내용이 머릿속에 깔끔히 정리되는 걸 바로 느낄 수 있을 겁니다.

D-307

**역사상 가장 위대한 발견은
태도를 바꾸는 것만으로도
미래를 바꿀 수 있다는 것이다.**

오프라 윈프리

현실은 한순간에 바꿀 수 없습니다.
하지만 태도는 단 한순간에 바꿀 수 있죠.
긍정적 태도는 미래를 긍정적인 방향으로 바꿉니다.
태도는 항상 긍정적인 쪽을 향해야 된다는 것을 기억하세요.

D-58

하루가 끝나면
변명도, 설명도, 후회도 없어야 한다.
스티브 마라볼리

공부에 있어서 가장 중요한 건, 오늘 할 수 있는 일을 내일로 미루지 않고, 지금 할 수 있는 만큼은 해내는 태도입니다.
그렇게 하루하루가 쌓이면, 더 이상 성적 앞에서도 핑계를 대지 않게 됩니다.
후회 없는 하루가 모여 후회 없는 인생을 만듭니다.

D-306

**많은 사람들이 위대해지고 싶다고 말하지만,
위대함을 성취하기 위해 필요한 희생은
충분히 하지 않는다.**

코비 브라이언

모든 수험생들이 합격을 원하지만, 대부분은 그에 필요한 만큼의 노력을 감당하는 것을 원하지 않습니다.
이 노력을 감수하겠다고 다짐하는 것만으로도 수많은 사람들을 제칠 수 있습니다.
굳은 결심을 갖고 끝까지 나아가세요.

D-59

사람이란 자기가 생각하는 만큼
결코 행복하지도, 불행하지도 않다.
라 로슈코프

수험 생활에서 가장 중요한 것은 바로 '평정심'을 유지하는 것입니다.
합격의 기쁨을 너무 크게 생각하고, 불합격의 슬픔을 너무 크게 생각한다면, 결코 평온한 마음을 유지할 수 없습니다.
오히려 마음을 비운 채로 수험 생활에 임한다면, 분명 좋은 결과가 있을 것입니다.

D-305

대다수의 사람들은 원하는 것을 보여주기 전까지 자신이 무엇을 원하는지 모른다.

스티브 잡스

진정한 동기부여는 자신이 정말로 원하는 것이 무엇인지 아는 것에서 시작됩니다.
하지만 내가 무엇을 원하는지 알기 위해서는 세상에 대한 이해와 지식이 먼저 필요하죠.
모르는 게 많을수록 원하는 것도 흐릿해지기 마련입니다.
삶이라는 지도 위에서 나만의 보물을 찾고 싶다면, 지식을 넓혀 가세요.
당신이 진정으로 원하는 것이 무엇인지 분명히 보이게 될 거예요.

D-60

시작보다 중요한 것은 어떻게 끝내는가다.

앤드류 매튜스

마지막 두 달, 그동안의 노력을 마무리하는 시간입니다.
꼼꼼하게 점검하고 부족한 부분은 보완하세요.
마지막까지 긴장의 끈을 놓지 마세요.
공부 효율이 처음 시작할 때보다 몇 배는 더 좋을 시기입니다.

D-304

강한 인간이 되고 싶다면 물과 같아야 한다.
노자

물과 같은 공부란 무엇일까요?
물 흐르듯 매일 일정 시간 공부하는 습관을 들이되, 장애물이 생겨도 멈추지 않고 유연하게 흐름을 유지하는 것입니다.
어떤 변수에도 흔들리지 말고, 항상성을 유지하세요.

D-61

당신에 관한 다른 사람의 의견은
당신의 실제 모습이 아니다.

레스 브라운

당신의 진짜 모습은 가능성을 가진 존재, 끝없이 발전할 수 있는 엄청난 존재입니다.
그렇게 믿어보세요.
그렇게 될 것입니다.

D-303

깊이 살아낸 삶은 항상 그 자체를 넘어선 진리로 확장된다.

아나이스 닌

당신은 지금 삶을 얼마나 깊이 살아내고 있나요?
충만하고, 깊이 살아낸 하루는 그 자체로 삶의 의미가 됩니다.
후회 없는 삶을 위해 하루하루를 충분히 깊게, 몰입하며 보내보세요.

D-62

남의 잘 됨을 축복하라.
그 축복이 메아리처럼 나를 향해 돌아올 것이다.

이건희

주위 사람에게 좋은 일이 생긴다면, 진심으로 축하해 주세요.
그 성공의 기운이 분명 본인도 감싸게 될 것입니다.
무엇이 됐든, 늘 행복과 긍정의 감정이 본인 곁에 머물 수 있도록 노력해 보세요.

D-302

한 가지를 선택하라.
그리고 가진 모든 것을 쏟아부어 도전하라.
탐 빌류

대부분의 동기부여는 성과에서 나옵니다.
그렇다면 적어도 성과가 나올 때까지 최선을 다해봐야 하지 않을까요?
무슨 일이 일어나기도 전에 멈춘다면, 그 동안의 노력은 물거품이 되고 맙니다.
결과가 나올 때까지 무한의 노력을 퍼부어 보세요.

D-63

어느 누구도 현재 자신이 있는 위치에
만족하는 사람은 없다.

생텍쥐페리, 《어린 왕자》

진정으로 현재 자신의 위치에 만족하는 사람이 있을까요?
자아실현을 본능적으로 하고자 하는 인간은 누구나 발전하고 싶어할 것입니다.
끊임없이 높이 올라가는 기분, 반드시 한번 느껴보세요.
성공이 습관이 될 것입니다.

D-301

절대로 낙담하거나
불만족스러운 기분으로 잠들지 마라.
결코 실패를 의식하면서 잠을 자지 마라.
네빌 고다드

잠들기 전의 감정은 무의식에 스며들어 현실을 만들어냅니다.
불만족은 부정적인 삶을, 만족은 긍정적인 삶을 이끌어옵니다.
오늘을 충실히 채우고, 하루를 만족스럽게 마무리해 보세요.
승리의 길로 향하는 미래가 조금씩 열릴 것입니다.

D-64

**하지 말아야 할 것을 하지 않고,
원하지 말아야 할 것을 원하지 않는다.
이와 같을 뿐이다.**

맹자

선택과 집중이 중요한 시기입니다.
인간이 하루에 쓸 수 있는 에너지는 한정되어 있습니다.
가장 에너지가 넘치는 시간대에 가장 약하고 어려운 과목을 공부하세요.
그리고 공부 외의 다른 일은 제쳐두는 과감함도 필요할 때입니다.

D-300

램프를 만들어 낸 것은 어둠이었고,
나침반을 만들어낸 것은 안개였고,
탐험하게 만든 것은 배고픔이었다.
그리고 일의 진정한 가치를 깨닫기 위해서는
의기소침한 날들이 필요했다.

빅토르 위고

성장은 언제나 불편함과 마주할 때 시작됩니다.
지금의 어려움은, 어쩌면 본인의 부족한 부분을 인지하고
개선하라는 하늘의 뜻이 아닐까요?

D-65

나는 결코 실패하지 않는다.
이기거나, 배울 뿐이다.

존 맥스웰

원하는 곳에 합격한다면 더할 나위 없이 좋을 것입니다.
하지만 예상과 다른 결과가 나오더라도, 그것이 오히려 미처 생각지 못했던 다른 좋은 길로 가는 기회가 될 수 있습니다.
인생은 생각하기 나름입니다.
중요한 건, 지금 이 자리에서 벅찬 마음으로 최선을 다하는 것뿐입니다.

D-299

몇 번 실패했는지는 중요하지 않다.
한 번만 제대로 해내면 된다.
마크 큐번

아직 성적이 기대한 만큼 나오지 않아도, 계획만큼 진도를 나가지 못했어도 괜찮습니다.
지금의 시간은 모두 과정입니다.
우린 시험 당일, 한 번만 제대로 해내면 됩니다.

D-66

자연은 서두르지 않는다.
하지만 모든 것을 다 완수한다.

노자

서두른다고 하늘은 여러분이 필요로 하는 것을 주지 않습니다.
하지만 묵묵히 정진하다 보면 어느새 꿈꿔왔던 삶을 살게 되는 자신을 보게 될 것입니다.
마음에 소중히 품은 꿈의 씨앗이 꽃피울 날을 기다리며 오늘도 힘내봅시다.

D-298

절제, 작은 도움의 손길들, 모든 것을 조금씩 맛보는 것은 행복과 건강의 비결이다.
줄리아 차일드

공부도 절제와 균형이 중요합니다.
좋아하는 과목만 파고 들지 말고, 모든 과목에 적절히 시간을 분배해 보세요.
한 과목에만 집중하면 다른 과목의 감을 잃기 쉽습니다.
전 과목의 기본기를 유지해야 전체 성적을 끌어올릴 수 있습니다.

D-67

**일상이 규칙적이지 않으면
불안증과 우울증이 잘 치료되지 않는다.
부정적인 감정을 조절하는 시스템은
적절히 반복되는 하루의 생체 리듬과 관련이 있다.**

조던 피터슨

조급한 마음에 생활이 불규칙해지진 않았나요?
규칙적인 취침, 식사, 운동 루틴은 우리의 멘탈을 안정화시킵니다.
마음이 불안할 때일수록 하루 일과를 일정하게 맞추기 위한 노력을 해보세요.

D-297

> 길을 가다가 돌이 나타나면
> 약자는 그것을 걸림돌이라 말하고
> 강자는 그것을 디딤돌이라 말한다.
> 토머스 칼라일

시험 준비 과정이 늘 순탄치만은 않을 것입니다.
어쩌면 모의고사에서 기대 이하의 점수를 받을 수도 있죠.
하지만 낮은 점수는 높은 발전 가능성을 암시하기도 합니다.
지금의 결과에 주저하지 말고, 이를 디딤돌 삼아 힘차게 달려봅시다.

D-68

쓸데없는 생각이 자꾸 떠오를 때 책을 읽어라.
쓸데없는 생각은
비교적 한가한 사람들이 느끼는 것이지
분주한 사람이 느끼는 것이 아니다.

윈스턴 처칠

공부할 때, 자꾸 쓸데없는 생각이나 걱정, 불안이 밀려오나요?
그럴 땐 그저 책을 펴고 몰입해 보세요.
쓸데없는 생각이 파고들 공간이 없어질 것입니다.

D-296

**걷기는 가장 좋은 운동이다.
아주 멀리 걷도록 습관화해라.**

토머스 제퍼슨

운동할 시간을 따로 내기 어렵다면, 동선을 길게 잡아 보세요.
맑은 공기를 마시며 걷는 동안, 암기한 내용들을 떠올리며 머릿속에 정리할 수 있습니다.
어쩌면 책상 앞보다 더 집중이 잘 될지도 모릅니다.
생활 속 운동 습관과 아웃풋 공부법, 두 마리 토끼를 함께 잡아보세요.

D-69

**어쨌든 당신이 생각할 것이라면,
크게 생각하라.**

도널드 트럼프

당신의 한계는 어디까지인가요?
무한한 가능성은 생각의 크기에서 시작합니다.
확실한 건, 크게 생각하는 것이 어느 방향이든 당신을 성공으로 이끌 거란 점입니다.
어차피 잘 풀릴 인생, 조금 더 높은 목표를 추구해 보는 건 어떨까요?

D-295

**돌아온 떡만 먹으려 하지 마라.
떡이 없으면 나가서 만들어라.**

이건희

남이 시키는 대로만 하는 사람은 벽에 부딪혔을 때 도움을 기다리지만, 능동적으로 행동하는 사람은 스스로 벽을 뛰어넘는 법을 찾습니다.
공부도 마찬가지입니다.
선생님이 하라고 한 만큼만, 정해진 시간만 공부하는 수동적인 자세에서 벗어나 나에게 가장 잘 맞는 공부 시간, 공부법을 찾아보세요.

D-70

용감한 인간은
두려움을 느끼지 않는 사람이 아니라
두려움을 극복하는 사람이다.

넬슨 만델라

두려움은 뇌의 편도체를 활성화시켜 집중력을 저하시키고 자신감마저 떨어뜨립니다.
이 세상에 막상 맞닥뜨리면 별 것 아닌 일이 얼마나 많았나요?
시험은 그저 내가 열심히 쌓아온 실력을 뽐내는 자리입니다.

D-294

**두 마리 토끼를 쫓는 사람은
하나도 잡지 못한다.**
러시아 속담

혹시 공부의 세계 외에도 다른 곳을 탐닉하고 있지는 않나요?
공부에는 때가 있습니다.
공부도 챙기고, 다른 것도 챙기고자 한다면 두 가지를 다 놓칠 수도 있어요.
인생의 다채로운 여행은 합격 그 이후에 하자고 본인과 약속해 주세요.

D-71

세계는 한 권의 책이다.
한 군데 머물면 한 페이지짜리 인생이다.
세인트 오거스틴

지금 당신은 인생이라는 책 속 '시험'이라는 한 페이지를 써 내려가는 중입니다.
이 페이지를 멋지게 완성해야 다음 장의 새로운 여정을 자신 있게 시작할 수 있겠죠?
조금 더 집중해서, 쓰는 속도에 박차를 가해봅시다.

D-293

한 걸음 한 걸음
단계를 밟아 나아가라.
내가 아는 한 무언가를 성취하는 데
그것 외 다른 방법은 없다.

마이클 조던

운동도, 공부도 단숨에 최상위권을 치고 올라가는 경우는 없습니다.
한걸음, 한걸음 차근히 밟아 나가는 것만이 유일한 정답입니다.

D-72

**머릿속의 두려움에 밀려다니지 마세요.
마음의 꿈에 이끌리세요.**

로이 T. 베넷

인생에는 정면 돌파가 필요한 순간이 있습니다.
쉬운 길만 찾아다니면 그 종착지는 결코 유쾌한 곳이 아닐 것입니다.
얼마 남지 않았습니다.
잘 모르는 것, 자꾸 틀리는 것을 계속 찾아 나서 어렵지만 올바른 길을 걸어가 봅시다.

D-292

혼자 있는 나무들은 자라기만 한다면
강하게 자란다.
윈스턴 처칠

'공부를 잘하는 친구'를 가만히 지켜보면 책상에 홀로 앉아 끝까지 공부를 하는 모습을 볼 수 있습니다.
주변에서 아무리 재밌는 이야기를 하고 시끄럽게 떠들어도 목표를 끝내기 전까지 인내하죠.
외롭고 고독한 싸움을 이겨낼 수 있다면, 독보적인 성공을 쟁취할 수 있다는 것을 이미 알고 있기 때문입니다.

D-73

인생은 마음이 생각하는 것만큼 심각하지 않다.
에크하르트 톨레

수험 생활을 하다 보면, 불안과 걱정이 온몸을 뒤덮는 순간이 찾아옵니다.
하지만 많은 걱정은 실제보다 과장된 마음의 그림자일 뿐입니다.
심각함을 내려놓을수록 오히려 더 멀리, 더 꾸준히 나아갈 수 있을 것입니다.

D-291

정상에 오르기 전에는 산의 높이를 재지 말라.
정상에 오르면 그 산이 얼마나 낮은지 알게 될 것이다.
다그 함마르셸드

어떤 시험이든, 처음엔 어렵고 버거워 보입니다.
하지만 끝까지 해내고 나면 '생각보다 할 만했다'는 것을 깨닫게 되죠.
도전하기 전에 겁부터 먹지 말고, 눈앞에 있는 것부터 차근차근 해나가 보세요.

D-74

**견디기 힘들었던 것이
달콤한 추억이 된다.**

세네카

수험 생활은 분명 고되고 긴 여정입니다.
하지만 그 생활을 누구보다 치열하고, 힘들게 보낸다면 언젠가는 웃으며 이야기할 수 있는 뿌듯한 추억이 될 것입니다.
그날을 위해, 오늘 하루도 조금만 더 힘내 봅시다.

D-290

모방은 창조의 어머니다.
격언

다른 사람의 성공이 부럽다면, 그 사람이 어떤 노력을 했는지, 어떤 습관을 가지고 있는지 살펴보세요.
성공한 사람들의 반짝임 뒷면에는 그 결과를 내기 위해 흘린 땀방울이 가득할 것입니다.
포기 없는 열정과 성실한 습관을 따라 해 나만의 결과를 만들어 봅시다.

D-75

기왕 걸어야 한다면 뛰어라.
기왕 뛰어야 한다면 날아올라라.

연수남

해야만 해서, 남들이 하는 만큼만 하는 건 참 재미없습니다.
하지만 기왕 할 거, 남들보다 압도적으로 잘 해보는 건 어떨까요?
그 압도적 재미에 한 번 빠지면, '탁월함'은 곧 당신의 습관이 됩니다.

D-289

너의 행복은 너의 생각에 달려있다.
마르쿠스 아우렐리우스

로마의 황제이자, 철학자인 아우렐리우스는 삶과 죽음의 기로의 전쟁터 한가운데에서도 긍정적 생각으로 내면의 평화를 유지했습니다.
그 결과, 철인 왕이라는 칭호를 얻고, 로마의 가장 훌륭한 왕으로 손꼽히고 있죠.
생각은 나의 삶의 질을 결정하는 가장 중요한 열쇠입니다.
오늘 하루, 어떤 생각으로 나를 이끌어갈지 선택해 보세요.

D-76

오늘의 목표는 어제의 나를 이기는 것이다.
야마구치 마유

'오늘 정말 열심히 했다'는 생각이 드는 날이면, 마음이 뿌듯하지 않나요?
자기만족의 경험이 쌓일수록 동기부여는 더 강력해집니다.
'오늘은 어제의 나를 이긴다'는 각오로 성적의 우상향 그래프를 그려봅시다!

D-288

대부분의 사람들은 자신이 생각하는 것보다
훨씬 더 많은 것을 배울 수 있다.
하지만 시도조차 하지 않고 자신을 과소평가한다.

일론 머스크

인간의 가능성은 무한합니다.
하지만 그 가능성의 크기는 스스로 정한 한계에 따라 달라지죠.
스스로의 가능성을 믿고, 배움의 범위를 최대한 넓혀보세요.

D-77

낭비한 시간에 대한 후회는 더 큰 시간 낭비다.

메이슨 쿨리

그동안 만족스럽지 못한 수험 생활을 보냈나요?
하지만 이제는 그 후회하는 시간마저 절약해야 할 시기입니다.
당신은 충분히 잘해왔습니다.
남은 기간, 앞만 보고 정진합시다.

D-287

오늘날 지식은 곧 힘이다.
지식은 기회와 진보로의 접근을 통제한다.
피터 드러커

방대한 지식을 쌓은 사람은 폭넓게 세상을 바라볼 줄 알게 되며, 기회를 빠르게 포착할 수 있게 됩니다.
공부는 나를 성장시키고, 더 많은 선택지를 갖게 하는 힘이라는 사실을 기억하세요.

D-78

상당 시간 집중할 수 있는 것은 어려운 것을
성취하는 데 있어 필수적이다.

버트런드 러셀

공부를 흔히 '엉덩이 싸움'이라고 합니다.
하지만 아무리 노력해도 집중이 되지 않는 날에는 가벼운 스트레칭이나 짧은 산책으로 주의를 환기하거나 공부 장소를 바꿔보세요.
엉덩이 싸움에는 시간뿐만 아니라 집요한 집중이 필수입니다.

D-286

당신이 하고 싶은 일을 할 수 있을 때까지
당신이 해야 할 일을 하라.

오프라 윈프리

당신의 최종 꿈은 무엇인가요?
그 꿈을 이루기 위해, 오늘도 책상 앞에 앉는 선택을 했을 겁니다.
지금 해야 할 일을 끝까지 완수한다면, 결국 하고 싶은 일을 마음껏 할 수 있는 날이 찾아올 것입니다.
그날을 위해 오늘도 묵묵히 나아가 봅시다.

D-79

바쁘기만 해서 되는 것이 아니다. 우리는 대체 무엇에 바쁜가?

헨리 데이비드 소로

노력은 성공의 필요조건이지만, 충분조건은 아닙니다.
계획 없는 노력과 방향이 잘못된 노력은 성과를 만들지 못합니다.
꾸준한 노력을 기본으로 하되, 효율적인 방법과 전략에 대해 늘 고민하시길 바랍니다.

D-285

**지금의 나와 다른 내가 되고 싶다면,
지금의 나에 대해서 알아야 한다.**
에릭 호퍼

문제를 많이 풀고, 암기를 많이 하는 것보다 더 효과적인 공부법은 지금의 나를 똑바로 마주하고 이해하는 것입니다.
나의 강점과 약점에 대해 고민하고 파악한다면, 변화할 방향이 보이기 시작할 겁니다.

D-80

나에게 있어서 믿음은
걱정하지 않는 것을 의미한다.
존 듀이

진심으로 내가 목표한 것을 이룰 수 있다고 믿는다면, 걱정은 자연스럽게 없어집니다.
스스로에 대한 확신은 앞으로 나아가는 원동력이 되고, 이는 곧 좋은 결과로 이어지는 선순환을 만듭니다.

D-284

완벽을 기다리는 것은 결코
진보하는 것만큼 영리하지 않다.
세스 고딘

공부에서 가장 피해야 할 것은 '완벽주의'입니다.
'조금 더 완벽한 환경에서 시작해야지.'
'다 외울 때까지 다음 진도로 넘어가지 않을 거야.'
이런 생각은 오히려 발목을 잡습니다.
완벽하지 않아도, 하루에 하나씩 더 알아가는 것.
그 속에 반전이 있고, 그 끝에 합격이 있습니다.

D-81

인생은 자전거를 타는 것과 같다.
균형을 유지하려면 계속 움직여야 한다.
알버트 아인슈타인

인생은 정체하지 않고, 순간의 발전과 퇴보를 반복합니다.
공부 역시 마찬가지입니다.
어느 정도 궤도에 올랐다고 해서 공부를 멈추는 순간, 성적은 다시 떨어지게 됩니다.
시험이 끝나는 순간까지 끊임없이 발전하겠다는 마인드를 가지세요.

D-283

> 그저 당신에게 효과가 있는 것을 하라.
> 다르게 생각하는 사람이 항상 있을 것이다.
> 미셸 오바마

세상에는 수많은 공부법들이 있지만, 모든 사람에게 천편일률적으로 효과적인 공부법은 없습니다.
나에게 잘 맞고, 실제로 효과가 있다면 그게 최고의 공부법입니다.
남의 방식에 흔들리지 말고, 나만의 효율적인 공부법 조합을 계속 찾아 나가세요.

D-82

우리 공부와 함께
도파민 파티해 보는 거 어떨까요?
즐길 수만 있다면
그 어떠한 것도 두렵지 않습니다.

연수남

내가 느끼는 감정에 따라 뇌는 다르게 반응합니다.
흥미와 즐거움을 느끼면 분비되는 도파민은 '이걸 해봐야겠다!'라는 강한 동기부여를 일으키고, 집중력을 강화합니다.
공부를 즐기기로 마음먹으면 우리의 몸도 알아서 도와준다니, 신기하지 않나요?

D-282

**우리가 불안감에 힘들어하는 이유는
다른 사람의 최고 장면과
우리의 무대 뒤 모습을 비교하기 때문이다.**
스티븐 퍼틱

누군가의 삶이 너무나 부럽게 느껴진다면 그것은 그 사람의 가장 빛나는 순간만을 보기 때문입니다.
타인의 삶과 나의 삶을 비교하는 것은 의미가 없습니다.
디데이까지 SNS를 잠시 지워보는 것은 어떨까요?

D-83

남을 설득하려고 할 때는
자기가 먼저 감동하고,
자기를 설득하는 데서부터 시작해야 한다.

토머스 칼라일

공부의 질을 판단하는 가장 좋은 방법은 스스로의 노력에 진심으로 감동하고 있는지 돌아보는 것입니다.
만약 그만큼 최선을 다하지 못했다면, 나의 목표와 초심을 다시 떠올려 보세요.

D-281

행복해서 웃는 것이 아니라, 웃어서 행복한 것이다.
윌리엄 제임스

이 글을 읽는 잠시 동안 '하하하' 소리 내어 웃어보세요.
웃음을 짓는 것만으로도 행복 호르몬인 세로토닌이 나와 뇌는 행복을 느낍니다.
스트레스 해소와 기억력 향상에도 도움이 된다고 하니 '웃으면 복이 온다'라는 말이 괜히 있는 것은 아니겠죠?

D-84

모든 고귀한 것은 드물 뿐 아니라 어려운 법이다.
스피노자

진짜 가치 있는 결과는 쉽게 오지 않습니다.
희소하고 어렵기에, 그것을 얻는 사람도 드뭅니다.
그 고귀한 것을 향해 달리는 오늘 하루, 그 어느 날보다 의미 있습니다.

D-280

일찍 일어나는 새가 벌레를 잡아먹는다.
속담

일찍 일어나는 새는 벌레를 더 많이, 쉽게 잡아 튼튼하고 큰 새가 됩니다.
늦게 일어난 새도 벌레를 잡을 수는 있겠지만, 모두가 일어난 시간에 벌레를 잡으려면 더 큰 노력과 힘이 들겠죠.
앞서고 싶다면 다른 사람들보다 빠른 노력이 필요합니다.

D-85

쉽지는 않을 것이다.
쉽다고 생각하는 사람은 바보다.
찰리 멍거

시험 준비는 본질적으로 경쟁입니다.
시험을 쉽게 생각하는 사람은 그만큼 대비가 부족할 수밖에 없습니다.
쉽지 않은 싸움임을 인지하고, 그 싸움을 이기기 위해 최선을 다해 봅시다.
그렇게 할 때, 역설적으로 합격은 쉬워질 것입니다.

D-279

적을 알고 나를 알면 백 번 싸워도 위태롭지 않다.
《손자병법》

공부에서 가장 위험한 것은 내가 무엇을 모르고 있는지조차 모르는 상태입니다.
문제를 많이 푸는 것보다 중요한 것은 바로, 틀린 문제 속에서 나의 약점을 찾는 것.
나의 약점이 무엇인지 정확하게 알고 있다면, 이기는 것은 시간문제입니다.

D-86

재능이란 지속할 수 있는 열정이다.

격언

열정은 처음엔 작은 불씨에 불과하지만, 꾸준함은 이를 거센 불길로 키워냅니다.
지금까지 쉬지 않고 달려왔다면, 이미 불씨는 활활 타오르고 있을 것입니다.
지속하는 재능은 좋은 머리보다 강력합니다.

D-278

> 새는 알에서 나오려고 투쟁한다.
> 알은 세계다.
> 태어나려는 자는 하나의 세계를 깨뜨려야 한다.
> 헤르만 헤세, 《데미안》

공부를 하면서 힘들고 고통스러울 때마다 '새로운 나'로 다시 태어나기 위한 필연적 과정이라고 생각해 보세요.
고통이 아닌 성장의 신호라고 느낀다면 더 이상 두렵지 않을 겁니다.

D-87

현명한 사람은 큰 불행을 작게 처리하고, 어리석은 사람은 조그마한 불행도 현미경으로 확대한다.

라 로슈푸코

세상만사 희로애락은 내가 세상을 바라보는 관점에 달려 있습니다.
작은 불행도 크게 확대하는 사람은 모든 에너지를 본인의 불행에 쏟습니다.
반면, 큰 불행도 작게 처리하는 사람은 대부분의 에너지를 자기 발전에 집중할 수 있죠.
당신은 현명한 사람인가요, 어리석은 사람인가요?

D-277

**불완전함이 없다면,
당신이나 나는 존재하지 않을 것이다.**
스티븐 호킹

공부는 나의 부족함과 불완전함을 발견하는 과정입니다.
불안과 초조함을 느낄 때마다 되뇌어보세요.
'모든 인간은 불완전한 존재다.'
그 불완전함을 채우는 과정이 인생이고, 행복이 아닐까요?

D-88

당신은 지금이 더 즐겁기 바라는가?
아니면 앞으로가 더 즐겁길 바라는가?

류쉬안

심리학적으로 당장의 즐거움을 추구하는 뇌 부위는 변연계, 이성적이고 미래 지향적인 사고를 하는 부위는 전전두피질입니다.
현재의 즐거움만 추구하다 앞뒤가 꽉 막혀버린 미래를 상상해 보세요.
우리 뇌가 깜짝 놀라 전전두피질에 많은 힘을 실어줄 것입니다.

D-276

머릿속을 어지럽히는 생각이 있다면,
즉시 종이에 적어보라.
밖으로 꺼내는 순간,
그 생각으로부터 놀랍도록 자유로워질 것이다.

연수남

자꾸만 잡념이 집중을 흐린다면, 이를 종이에 적어보세요.
머릿속에서 맴도는 생각은 감정과 결합되어 더 크게 느껴지기 마련입니다.
하지만 글자로 적으면 감정과 분리되어 보다 객관적으로 볼 수 있죠.
막상 읽어보면 별것 아닌 걸로 마음을 쓰고 있었다는 걸 깨닫게 될 겁니다.

D-89

완전한 희망은 절망의 직전에 이루어진다.
가장자리에서 떨어지지 않고,
마치 공중을 걷는 듯한 순간에 말이다.

토머스 머튼

결국 승리하는 자는 어떤 사람일까요?
본인이 할 만큼 했다고 생각했을 때, 한 발자국 더 내디딜 수 있는 사람입니다.
포기하고 싶은 유혹을 느끼는 순간, 조금만 더 노력하면 달콤한 합격의 맛을 느껴볼 수 있게 될 것입니다.

D-275

매일 혼자 있는 시간을 가져라.
달라이 라마

공부할 때만큼은 조금 외롭더라도 나 자신과 대화하며 내가 어떤 마음가짐으로, 어떻게 공부해야 할지 스스로에게 집중하세요.
공부는 조별 과제가 아닌 고독한 자신과의 싸움입니다.

D-90

인생은 매일 같은 사람으로
지내기에는 너무 짧다.
스테파니 퍼킨스

인간은 본질적으로 변화하는 생명체입니다.
그 변화가 긍정적일지 부정적일지는 순간순간의 선택들이 쌓여 결정됩니다.
익숙한 습관과 생각, 모습은 편안함을 주지만, 그 안에서 수많은 기회와 발견을 놓치기 쉽습니다.
나를 긍정적인 변화로 이끄는 선택은 무엇일지 늘 고민하며 나아가 봅시다.

D-274

당신은 자신을 더 크게 만드는데
필요한 모든 것을 갖고 있다.

세스 고딘

스스로 공부에 재능이 없다고 생각한 적이 있나요?
하지만 당신은 이미 많은 가능성을 지니고 있는 사람입니다.
적어도 그렇게 믿는 사람은 실제로 그렇게 됩니다.

D-91

누군가 해야 할 일이면 내가 하고,
내가 해야 할 일이면 최선을 다하고,
어차피 해야 할 일이면 기쁘게 하고,
언젠가 해야 할 일이면 바로 지금 하라.

앤드류 매튜스

'조금만 있다가'라는 생각은 집중력을 흐리고, 결국 더 큰 부담으로 돌아옵니다.
공부는 시작이 가장 어렵지만, 일단 시작하면 생각보다 금방 흐름을 탈 수 있습니다.
'공부는 관성'이라는 사실 하나만 기억해도, 엄청난 순공 시간을 확보할 수 있게 됩니다.

D-273

**어디를 가고 무엇을 하든지,
당신 두뇌의 한정된 범위 안에서
당신 인생의 전부를 살아간다.**

테리 조셉슨

공부는 단지 합격만을 위한 수단이 아닙니다.
당신의 시야를 넓히고, 더 다채로운 인생을 살기 위한 투자이기도 하죠.
공부를 통해 생각의 틀을 확장하세요.
그것은 곧, 인생의 한계를 넓히는 일이 됩니다.

D-92

보석이 마찰 없이 빛날 수 없듯이, 사람도 시련 없이는 완성될 수 없다.

중국 속담

누구나 지금보다 더 멋진 미래를 희망합니다.
하지만 희망을 갖는다는 건, 동시에 그 사이에 펼쳐질 수많은
좌절과 역경을 맞이할 각오를 한다는 걸 의미하기도 합니다.
꿈이 현실이 되는 날을 상상하며 오늘도 열심히 달려봅시다.

D-272

**당신의 성공의 크기는
욕망의 강도, 꿈의 크기,
그리고 당신이 그 과정에서 실망을 어떻게
다루는지에 의해 측정된다.**
로버트 기요사키

얼마나 멀리, 얼마나 높이 나아갈지는 당신의 욕망과 꿈의 크기에 달려 있습니다.
그리고 그 꿈을 현실로 만드는 사람은 수많은 역경에도 굴하지 않고 계속 나아가는 사람입니다.
과정 속의 실망을 다루는 데 능숙해지세요.
포기 대신 성장의 계기로 삼는 것이 진짜 강한 사람의 방식입니다.

D-93

**한계까지 자신을 몰아붙이는 경험을 해두면
인생의 폭이 넓어진다.**
야마구치 마유

단 한 번이라도 목표를 위해 죽을힘을 다해 노력해 본 사람은 세상을 보는 눈이 달라집니다.
'내가 이것도 했는데 저걸 못하겠어!'라는 자신감이 생기는 것이죠.
간절한 노력의 기억은 인생의 강력한 무기가 됩니다.

D-271

이 세상의 모든 거대한 성취는
작은 반복들의 합으로 이루어 진다.
연수남

남들이 보기에 대단한 성취를 이룬 사람들이 있습니다.
그것은 몇 개의 거대한 재능이 아닌, 눈에 보이지 않는 작은 노력들이 끊임없이 쌓여 만들어진 것입니다.
작은 반복의 힘을 절대 무시하지 마세요.

D-94

대부분의 사람들이 인생에서 실패하는 이유는
목표가 너무 높아서 빗나간 것이 아니라
목표가 너무 낮고 그것을 이뤄냈기 때문이다.

레스 브라운

높은 목표는 우리를 더 큰 성공으로 이끕니다.
낮은 목표의 달성은 자기만족에 그칠 뿐, 성장을 이끌지 못하죠.
목표 점수를 더 높이고, 그에 맞는 노력의 강도도 끌어올려 보세요.
역설적으로 합격은 오히려 더 쉬워질 것입니다.

D-270

사람들이 뭐라고 하든
오직 나만이 나의 운명을 결정할 수 있다.

클레어 올리버

남들이 하는 말에 쉽게 휘둘리는 사람은 그들이 말하는 대로 운명이 흘러갈 것입니다.
하지만 자신에 대한 확신과 중심이 잡혀 있는 사람은 스스로의 운명을 개척합니다.
그들에게 내가 옳았다는 것을 증명해 보이세요.

D-95

사용되는 지식만이 당신의 마음속에 박힌다.
데일 카네기

이론을 가장 확실하게 외우는 방법은 실제로 적용해 보는 겁니다.
헷갈리는 개념을 확실히 내것으로 만들고 싶다면 반드시 관련된 문제 풀이를 많이 해보세요.

D-269

평균적인 사람은 자신의 일에
자신이 가진 에너지와 능력의 25%를 투여한다.
세상은 능력 50%를 쏟아붓는
사람들에게 경의를 표하고,
100%를 투여하는 극히 드문 사람에게
머리를 조아린다.

앤드류 카네기

당신은 지금, 공부에 몇 퍼센트의 능력을 투여하고 있나요?
평범한 인생을 선택할지, 존경받는 사람이 될지는 당신의
의지와 노력에 달려 있습니다.

D-96

가장 뻣뻣한 나무는 가장 쉽게 금이 가는 반면,
대나무나 버드나무는 바람에 의해
휘어지면서 생존한다.

이소룡

공부에 있어 가장 중요한 덕목 중 하나는 '유연성'입니다.
익숙하다는 이유로 비효율적인 공부법을 고집하지 마세요.
시간과 장소에 있어서도 융통성 있게 대처하는 자세가 필요합니다.
언제 어디서든, 틈나는 대로 유연하게 공부할 수 있는 사람이 됩시다.

D-268

시작하는 재주는 위대하지만, 마무리 짓는 재주는 더욱 위대하다.
H.W. 롱펠로

이 험난한 수험 생활을 견뎌내고 있는 당신, 그 위대한 정신에 박수를 보냅니다.
부디 끝까지 완수해 더욱 위대한 사람이 되었음을 증명해 주세요.

D-97

큰 운동을 할 시간이 없다고 하더라도
아침과 밤에 스트레칭을 하면 정말로 몸이 바뀐다.

에린 헤더턴

체력도 공부의 중요한 요소입니다.
컨디션이 좋지 않으면 실력을 100% 발휘하기 어렵기 때문이죠.
공부하는 중간중간 가볍게 스트레칭을 해보세요.
굳어있던 근육이 시원하게 풀리며 잠도 깨고 정신도 맑아질 거예요.

D-267

사람의 운명은
새벽에 무엇을 하느냐에 따라 결정된다.
정주영

많은 유명인들이 '미라클 모닝'을 실천하는 이유는 무엇일까요?
사람의 집중력과 에너지가 최대치가 되는 시간이 바로 새벽이기 때문입니다.
가장 어려운 공부를 가장 효율이 높은 시간에 시도해 보는 것은 어떨까요?

D-98

그 무엇도 직선으로 움직이지 않는다.
어떤 목표라도 좌절과 방해를 겪지 않고
이루어지는 법은 없다.

앤드류 매튜스

열심히 노력했는데도 제자리걸음처럼 느껴질 때, 스스로에게 이렇게 말해보세요.
'실력은 비탈이 아니라 계단처럼 는다.'
성장은 고통스럽지만, 그 시간을 견디고 다음 계단에 오르는 순간 지금까지는 보이지 않던 큰 세상이 보이게 됩니다.
성큼 성장한 나의 모습, 기대되지 않나요?

D-266

**매일매일의 목표가 있어야 한다.
목표를 달성하려면
매일 어느 만큼의 전진이 있어야 한다.**

지그 지글러

목표를 잘 달성하는 사람은 큰 목표를 잘게 쓰는 능력이 있습니다.
최종 목표를 위해 분기별, 월별 그리고 매일의 목표를 세우고 매일 조금씩 꾸준히 전진하세요.
목표 달성의 원리는 생각보다 단순합니다.

D-99

행복의 가장 큰 장애는
너무 지나친 행복을 기대하는 일이다.

퐁트넬

진정한 행복은 강도가 아니라 빈도에 있다는 말이 있습니다. 행복의 기준치가 너무 높아지면 상대적으로 불행해질 수 있습니다.
소소한 것에서 행복을 찾는 습관, 그것이 진정으로 행복해지는 길이 아닐까요?

D-265

> 성공하는 이는 실패하는 이가
> 하기 싫어하는 것을 하는 습관이 있다.
>
> 토머스 에디슨

매일하는 공부는 결코 쉽고 즐거운 일은 아닐 겁니다.
하지만 참고 끝까지 할 수 있는 사람만이 성공의 달콤함을 맛봅니다.
'하기 싫은 일을 참고 하는 것.'
성공하는 사람들의 필수 덕목이라는 것을 기억하세요.

D-100

꿈을 계속 간직하고 있으면
반드시 실현할 때가 온다.

요한 볼프강 폰 괴테

하루하루의 과업에 치여 원래의 꿈을 잊고 있지는 않았나요?
이제 D-100일입니다.
다시 한번 처음 시작할 때 간직했던 꿈을 떠올려보세요.
100일 뒤면 그 꿈을 손에 잡을 수 있습니다.
오늘도 새로운 한 발짝을 내딛어 봅시다.

D-264

목표를 달성하면 더 높은 목표를 세운다.
또 달성한다.
그리고 목표를 다시 높게 재조정한다.
이것은 절대 끝나지 않는 과정이다.
일을 잘하는 사람은 이 과정을 되풀이한다.
짐 콜린스

끊임없이 더 높은 목표를 세우고 그것을 달성하는 사람은 끊임없이 발전합니다.
계속 발전하는 사람이 남들보다 앞서 나가는 것 또한 당연하지요.
그리고 그런 사람이 결국 합격하는 것 또한 당연합니다.

D-101

완벽함은 존재하지 않는다.
당신은 항상 더 잘할 수 있고
항상 성장할 수 있다.
레스 브라운

완벽을 목표로 삼기보다는 '어제보다 나아지는 나'에 집중해야 합니다.
완벽은 현실에 존재하지 않는 기준일 뿐, 실제로 중요한 건 끊임없이 성장하려는 자세와 행동입니다.

D-263

**인내란 긴 경주가 아니다.
이어지는 여러 개의 짧은 경주들의 연속이다.**

월터 엘리엇

인내심이란 한 번에 오래 버티는 힘이 아닌 작은 노력들을 반복해서 이어가는 과정입니다.
공부도 마찬가지입니다.
긴 시간 이어서 하는 게 아니라, 매일매일 작은 학습을 꾸준히 반복하는 태도가 중요합니다.

D-102

용기를 내라.
위험을 감수하라.
경험을 대신할 것은 아무것도 없다.
파울로 코엘료

성장은 익숙한 것을 벗어날 때 비로소 시작됩니다.
틀리는 경험을 두려워하지 마세요.
더 어렵게 공부한 사람만이, 시험장에서 더 쉽게 이겨냅니다.

D-262

아직 존재하지 않는 것을 열정적으로 믿음으로써
우리는 그것을 만들어 낸다.

프란츠 카프카

믿음이 현실을 만듭니다.
'나는 할 수 있다'는 믿음이 없다면, 아무리 많은 시간을 공부에 쏟아도 진심으로 몰입할 수 없고, 성과를 낼 수도 없습니다.
비전은 처음엔 막연하지만, 믿고 행동하는 순간부터 점점 형태를 갖추기 시작합니다.

D-103

나는 시간을 낭비했고,
지금은 시간이 나를 낭비한다.
셰익스피어

지금의 후회는 과거의 내가 잘못 쓴 시간의 결과입니다.
하지만, 늦었다고 생각할 때가 가장 빠른 때입니다.
지금 이 순간부터 시간을 주도적으로 쓰기 시작한다면, 다시 시간을 내 편으로 만들 수 있습니다.

D-261

비록 사용할 수 있는 시간이 10분 밖에 안되더라도 우선순위를 설정하라.
로타르 J. 자이브레트

짧은 시간도 알차게 쓰는 습관을 들이세요.
시간의 소중함을 느끼면, 그것을 중요한 일에 쓰고 싶어질 것입니다.
지금 당장 주어진 10분 동안 어떤 과목, 어떤 파트를 공부하면 가장 효율적일지 생각하세요.
시간을 쪼개 쓰는 습관은 장기적으로 큰 학습량을 확보하는 열쇠가 됩니다.

D-104

인생은 정상에 가까워질수록 항상 더 어려워진다.
추위는 심해지고, 책임은 커진다.

프리드리히 니체

디데이가 다가올수록, 실력이 상승할수록, 남은 날의 난이도는 더욱 커집니다.
이 기간을 끝까지 버티는 자가 승리할 자격이 있는 사람입니다.
점점 더 높아져가는 난이도에 굴복하지 마세요.
끝까지 참고 정상에 올랐을 때의 기분은 그 어떤 것에도 비할 수 없습니다.

D-260

**결정에 전념하되
접근 방식에는 유연성을 유지하라.**
토니 로빈스

확고한 신념으로 목표 달성을 위해 달려가는 것은 분명 중요합니다.
하지만 한 가지 방식만 고집하면, 금세 지치게 됩니다.
가장 쉽고 빠르게 개념을 이해하고 기억할 방법을 고민하세요.
지치지 않고 공부를 이어가는 비결은 '유연한 전략'에 있습니다.

D-105

모든 일에 대가가 되고 싶어하는 사람은,
결국 진정한 대가가 되지 못한다.

독일 속담

지금 이 순간, 나와 같은 목표를 향해 달리는 사람들 역시 열심히 노력하고 있습니다.
이 경쟁의 승자가 되고 싶다면, 지금부터는 매정하게 공부에만 집중하세요.
지금 자잘하게 주위를 챙기는 것보다, 합격 이후 더 강력한 힘으로 주위를 챙기는 것이 장기적으로 훨씬 더 현명한 선택입니다.

D-259

모든 것은 사물 자체가 아니라
우리가 사물을 보는 방식에 달려있다.
칼 구스타프 융

어떤 사람은 시험을 스트레스로 여기고, 어떤 사람은 자신의 성장을 확인하는 기회로 여깁니다.
결국 공부에 대한 태도가 성과를 크게 좌우합니다.
긍정적인 태도는 의지력과 집중력을 키우고, 고난을 극복할 힘이 될 것입니다.

D-106

매 순간을 온전히 살고 주변 세계에 대해
충분히 감사할 때, 스트레스가 쌓이지 않는다.
그러므로 역동적인 일상 활동은
수면의 질에 직접적으로 도움이 된다.

디팩 초프라

시험에 대한 불안감으로 잠 못 이루는 밤이 있을 겁니다.
하지만 도전할 수 있는 기회에 감사하며, 매 순간 최선을 다 한다면 역설적으로 스트레스가 줄어듭니다.
감사와 열정, 두 가지를 기억하세요.
불면을 이겨내는 가장 강력한 해답이 될 수 있습니다.

D-258

걱정은 내일의 슬픔을 덜어주는 것이 아니라
오늘의 기쁨만을 앗아간다.
레오 F. 버스카글리아

미래의 결과에 대해 너무 걱정하지 마세요.
적당한 걱정은 공부의 원동력이 되지만 지나친 걱정은 당장의 눈앞도 흐리게 만들 뿐입니다.
오늘은 오늘의 최선을 다하면 됩니다.

D-107

> 바다에 들어가지 않으면
> 진주를 얻을 수 없는 것과 같이,
> 번뇌의 바다에 들어가지 않으면
> 지혜의 보배를 얻을 수 없다.
>
> 부처

막막함, 슬럼프, 불안, 비교, 조급함 같은 감정은 수험생이라면 누구나 겪는 '번뇌의 바다'입니다.
하지만 그 감정을 피하려고만 하면, 진짜 실력과 지혜를 얻을 수 없습니다.
공부가 힘들고 흔들릴수록, 그 안에 배울 것이 있다는 믿음을 가져보세요.
인생의 다음 단계에서 큰 자산이 되어 줄 것입니다.

D-257

> 지금 있는 곳에서 시작하라.
> 가진 것을 활용하라.
> 할 수 있는 것을 하라.
> — 아서 애시

공부를 시작할 때 우리는 종종 더 나은 교재, 더 좋은 환경, 더 많은 시간이 갖춰져야 한다고 생각합니다.
하지만 중요한 건 무엇을 갖췄느냐보다 지금 무엇을 할 수 있느냐입니다.
마음만 먹으면 언제 어디서든 시작할 수 있습니다.
시작하면 방향이 보이고, 필요한 것도 명확해집니다.

D-108

온 힘을 다하면 이루지 못할 일이 없다.
세종대왕

공부를 포함한 인생의 대부분의 일은 능력이 부족해서가 아니라, 진심으로 끝까지 해본 적이 없어서 포기하게 되는 경우가 많습니다.
'이 정도면 됐겠지'가 아니라 '할 수 있는 건 전부 다 했다'는 확신이 있을 때, 비로소 자신도 믿을 수 있는 결과가 나옵니다.

D-256

행운은 스스로 운이 좋다고 믿을 때 찾아온다.
테네시 윌리엄스

스스로 운이 좋다고 믿는 사람에게는 계속 좋은 운이 찾아옵니다.
긍정적인 기분은 좋은 멘탈과 건강한 몸을 만들어 주기 때문이죠.
"나는 할 수 있다"라는 말을 매일 습관처럼 되뇌어 보세요!

D-109

가장 큰 복수는 엄청난 성공이다.
레스 브라운

주변에 나를 함부로 판단하며 은근 슬쩍 무시하는 사람이 있다면, 그들과 싸우거나 속상해하며 에너지를 소모하지 마세요.
열심히 노력해 스스로 빛날 만큼 성장하면, 그들은 굳이 상대할 가치조차 없는 존재가 됩니다.

D-255

나는 다른 사람에게
아무것도 증명하려 한 적 없다.
나는 나 자신에게
무언가를 증명하고 싶었을 뿐이다.
코비 브라이언

누군가에게 보여주기 위한 공부는 한계가 있을 수밖에 없습니다.
하지만 나에게 증명하기 위한 공부는 끝없이 성장하는 힘이 됩니다.
끊임없이 자신에게 도전하세요.
결국 누구도 따라올 수 없는 실력을 갖춘 사람이 될 것입니다.

D-110

인생은 외국어다.
모든 사람이 그것을 잘못 발음한다.

크리스토퍼 몰리

우리는 실수를 두려워하고, 틀리는 것을 창피해 합니다.
성적이 잘 나오지 않으면 스스로를 탓하곤 하죠.
하지만 진짜 성장하는 사람은 이러한 불완전함 속에서도 포기하지 않습니다.
실수를 부끄러워하지 마세요.
진짜 부끄러운 것은 시도조차 하지 않는 태도입니다.

D-254

**일과 삶의 균형에 대해 이야기하는 순간,
당신은 이미 균형을 놓쳤다.
일과 삶은 겹친다.**

세스 고딘

학생(學生)은 '배우는 사람'이라는 뜻입니다.
즉, 지금의 여러분에게 공부는 곧 삶이자 업입니다.
공부와 삶을 따로 떼어 생각하기보다, 삶 속에서 배우고 살아간다고 생각해 보세요.
진짜 균형은 경계를 나누는 것이 아니라, 배움 자체를 삶의 일부로 녹여내는 데서 시작됩니다.

D-111

안락함은 성취의 적이다.
파라 그레이

안주하는 사람은 결코 안전하지 않습니다.
진정한 고수는 시험이 끝나는 그 순간까지 본인의 단점을 철저하게 찾아내고 개선해 나가는 사람입니다.
이런 태도를 가질 때 비로소 최상위권의 자격이 주어집니다.

D-253

**괴로울 때가 있고 혹은 즐거울 때가 있다.
이렇게 고락이 서로 만나고 교체하는 가운데
사람의 몸과 마음은 단련되어 가는 것이다.**

《채근담》

성적이 잘 나올 때는 즐겁고, 잘 나오지 않을 때는 괴롭습니다.
이러한 즐거움과 괴로움의 반복 속에 당신은 분명 더 강해져 갑니다.
수험 생활의 끝에 강력한 멘탈을 갖추게 된 자신을 상상하세요.
그때는 어떤 것도 두렵지 않을 겁니다.

D-112

완벽한 것보다 해낸 것이 더 낫다.
셰릴 샌드버그

계획만 세우고 실행하지 않는 것보다, 부족하더라도 일단 해내는 것이 훨씬 가치 있습니다.
많은 학생들이 완벽히 이해한 다음에 문제 풀기, 컨디션 좋은 날 제대로 공부하기, 완벽한 계획이 세워지면 공부 시작하기 등 많은 오류를 저지릅니다.
하지만 성장은 시작에서 옵니다.
완벽하지 않은 순간에도, 일단 시작하고 보세요.

D-252

장애물을 찾는 데 시간 낭비 하지 마라.
없을 수도 있다.
프란츠 카프카

공부를 시작하기도 전에 안될 이유부터 찾는 습관은 우리를 멈추게 할 뿐입니다.
일단 펜을 들고 밑줄이라도 긋기 시작하면 잡념이 머릿속을 떠나갈 것입니다.
중요한 건 '피할 방법'이 아니라, '지금 당장 무엇을 할까'를 선택하는 것입니다.

D-113

당신의 약점에서 당신의 힘이 나올 것이다.
지그문트 프로이트

지금 가장 자신 없는 부분이 어디인가요?
그 약점을 인정하고, 마주하여 끈질기게 파고들 때 오히려 그 분야가 당신을 크게 성장시키는 기회가 됩니다.
약점은 자신이 가장 많이 배울 수 있는 여지와 여백이 있는 가능성임을 기억하세요.

D-251

인생은 모험이지, 패키지여행이 아니다.
에크하르트 톨레

공부는 남들이 정해준 커리큘럼을 그대로 따라가는 것이 아닙니다.
자신만의 방식을 갖고 도전하는 과정이 더 큰 성장을 만듭니다.
일단 도전하고 실패도 겪어보며 방향을 조정해 나가세요.
그 과정에서 배우는 능동성은 시험뿐만 아니라 인생 전체에 큰 힘이 됩니다.

D-114

**불행을 잊는 가장 좋은 방법은
일에 몰두하는 것이다.**

루트비히 판 베토벤

갖은 노력에도 방해 요소는 늘 생기기 마련입니다.
기대에 미치지 못한 점수에 마음이 흔들리거나, 공부 외의 문제들로 불안할 수도 있죠.
하지만 마음의 평정을 되찾는 가장 확실한 방법은 역설적이게도 '공부 그 자체'에 몰입하는 것입니다.

D-250

**당신이 항상 화를 내거나 불평만 한다면,
사람들은 당신을 위해 시간을 내지 않을 것이다.**
스티븐 호킹

수험 생활을 불평불만으로 채우는 사람과 온화한 마음으로 채우는 사람이 있다면, 누구에게 합격의 신이 손을 들어줄까요?
당연히 후자일 것입니다.
선생님, 가족, 친구들이 알게 모르게 당신을 도와줄 테니까요.

D-115

기쁨이 미소의 원인이 되기도 하지만,
때로는 미소가 기쁨의 시작이 되기도 해요.

틱낫한

거울을 볼 때마다 미소 짓는 연습을 해보세요.
미소는 행복 호르몬 분비를 촉진하여 기분을 좋게 하고 스트레스를 줄여 줍니다.
자신감 향상과 면역력 강화 효과도 덤이고요.
지금 당장 실천해 볼까요? 스마일!

D-249

어려운 경험을 통해
삶은 때때로 더 의미 있게 된다.
달라이 라마

여러분에게 어쩌면 지금 이 순간은 난생 처음 겪는 큰 고난일 수도 있습니다.
하지만 이 모든 것이 인생에 의미를 쌓는 과정이라고 생각해 보세요.
노력의 경험이 쌓일수록, 어떤 어려움에도 당당히 맞설 힘을 얻게 될 겁니다.

D-116

해야 할 일을 하라.
모든 것은 타인의 행복을 위해서,
특히 나의 행복을 위해서다.

톨스토이

나의 행복을 위해 공부를 하는 것은 당연한 일입니다.
하지만 지금 충실히 하는 공부는 부모님, 선생님의 행복으로도 이어지고, 더 나아가 미래의 배우자와 자녀, 그리고 사회 속 많은 이들에게도 긍정의 씨앗이 됩니다.
지금의 공부가 나만을 위한 것이 아니라 모두를 위한 일임을 기억하세요.

D-248

인생에서 가장 성공한 사람들은
질문을 하는 사람들이다.
그들은 항상 배우고 있다.
그들은 항상 성장하고 추진하고 있다.
로버트 기요사키

어떤 분야에서든 성공하려면 당연히 매 순간이 질문으로 가득 차야 합니다.
질문하는 것을 부끄러워하지 마세요.
잠깐의 부끄러움이 무지의 벽을 깨뜨립니다.

D-117

성공의 비밀은 자신감이며 자신감의 비밀은 엄청난 준비다.

조수미

자신감 있게 시험에 임하려면 어떻게 해야 할까요?
정답은 바로, 엄청난 준비로 자신감을 충전하는 것뿐입니다.
성공한 사람처럼 생각하고, 성공한 사람처럼 행동하세요.
그 마인드와 자세가 결국, 원하는 결과를 이끌어냅니다.

D-247

현대인이 경계해야 할 것은 '성급'이다.
프란츠 카프카

빠른 결과를 바라는 조급한 태도는 오히려 방향을 잃게 만듭니다.
많은 사람들이 단기간에 성과를 내고 싶어 하지만, 진짜 실력은 천천히, 꾸준히 쌓이기 때문입니다.
당장 눈에 보이는 성과보다 지금 올바른 방향으로 가고 있는지가 더 중요합니다.
결과에 집착하기보다 과정을 신뢰하는 태도를 가져보세요.

D-118

사람들이 당신을 미쳤다고 하지 않는다면,
당신은 충분히 큰 생각을 하고 있지 않다.

리처드 브랜슨

주위에서 눈에 띄게 성장하는 사람을 본 적이 있나요?
그들의 공통점은 미쳤다고 생각할 정도의 큰 포부와 목표,
그리고 끊임없는 노력입니다.
그 큰 꿈이 바로, 나를 남들과 다르게 만드는 힘입니다.

D-246

> 한 발만 앞서라.
> 모든 승부는 한 발짝 차이이다.
> 이건희

성과를 내는 사람들의 마인드셋은 크게 어려울 게 없습니다.
남들보다 한 걸음씩만 더 나아가겠다는 다짐.
남들이 10시간씩 공부한다면 나는 11시간 하겠다는 확고한 의지.
이러한 하루가 계속 쌓여간다면 격차를 벌리고 승리할 수 있게 됩니다.

D-119

장기적으로 꾸준히 노력하는 것,
그것이 전부다.

앤젤라 더크워스

수험생에게 제1덕목은 장기 일관성입니다.
하루를 극단적으로 열심히 공부를 한다고 해도, 며칠간 다시 쉬엄쉬엄 한다면 아무 의미가 없겠죠.
차라리 적당한 강도로 꾸준히 열심히 하는 게 훨씬 큰 도움이 됩니다.
무리하지 않되, 놓지 않는 태도가 굉장히 중요합니다.

D-245

> 많은 사람이 재능의 부족보다
> 경험의 부족으로 실패한다.
> 빌리 선데이

공부에 재능이 없다고 해도 이길 수 있는 방법이 존재합니다.
바로 양으로 승부하는 것입니다.
많은 문제를 풀고 지식을 내 것으로 쭉쭉 흡수하세요.
어설픈 노력을 하는 어설프게 머리가 좋은 친구들은 당신의
상대가 되지 못합니다.

D-120

끊임없이 비판을 구하라.
당신이 하고 있는 일에 대한 잘 생각된 비판은
금만큼의 가치가 있다.

일론 머스크

이대로 공부하면 합격할 수 있을지, 공부 방법의 매너리즘에 빠져 있지는 않은지, 끊임없이 되돌아볼 필요가 있습니다. 만약 원하는 만큼 성적이 나오지 않는다면, 본인의 공부 방법을 점검하는 시간을 가져 보세요.

D-244

어떤 사람은 일이 일어나기를 원하고,
어떤 사람은 일이 일어나기를 소망하지만,
다른 사람은 그 일을 일어나게 만든다.
마이클 조던

운명을 받아들일 것인가, 운명을 개척할 것인가는 본인의 선택에 달려 있습니다.
'언젠가 잘 되겠지'라는 막연한 기대는 결과로 이어지지 않습니다.
합격은 기다리는 것이 아니라 움직여 쟁취하는 것입니다.

D-121

무언가에 관심이 있는 사람들은
편할 때 그것을 할 것이다.
무언가에 전념하는 사람들은
어떤 일이 있어도 그것을 할 것이다.

밥 프록터

당신은 공부에 전념하는 사람인가요, 관심이 있는 사람인가요?
공부에 전념하는 사람은 어떤 일이 있어도 그날의 목표를 채우고, 그 이상을 하기 위해 애를 씁니다.
그저 시간만 채우는 공부를 하고 있다면, 내가 합격을 할 자격이 있는지 다시 한번 곰곰이 생각해 봅시다.

D-243

가장 밝게 빛나려면 진정한 너 자신이 되어라.
로이 T. 베넷

공부를 열심히 해야 하는 이유가 무엇일까요?
결국, 내가 하고 싶은 것을 마음껏 할 수 있기 위해서입니다.
공부를 잘할수록, 높은 성취를 얻을수록 인생의 자유도는 높아지게 됩니다.

D-122

우리의 의심은 배신자다.
의심하면 시도하는 것이 두려워져
얻을 수 있는 좋은 것을 얻지 못하게 만든다.

셰익스피어

이 세상의 많은 자기계발서의 메시지는 결국 하나로 귀결됩니다.
"그냥 해라."
이 글을 읽은 바로 지금, 해야 할 일을 시작하세요.

D-242

행복은 선택이자 기술이다.
당신은 그 기술을 배우고
선택하는 데 전념할 수 있다.
나발 라비칸트

행복에도 노력이 필요하다는 말, 들어 보셨나요?
외부 상황에만 의존하는 조건부 행복은 한계가 있을 수밖에 없습니다.
어떤 상황에서도 행복을 찾을 수 있도록 노력하고 훈련하세요.

D-123

완벽함이 아닌 탁월함을 위해 노력하라.
왜냐하면 우리는 완벽한 세상에
살고 있지 않기 때문이다.
조이스 마이어

너무 완벽하게 공부하려고 하면 오히려 중요한 것을 놓치게 됩니다.
이 세상의 모든 것은 완벽하지 않은데, 그 안에서 완벽을 바라는 것은 모순이죠.
현재 상황에 맞는, 최선의 공부법을 선택하세요.

D-241

**시작을 준비하지 말고
준비되기 전에 시작하라.**

멜 로빈스

공부 계획에 너무 많은 시간을 쓰지 마세요.
일단 책을 펴고 공부를 시작한 다음에 오늘 나의 속도와 진도에 맞춰 계획을 세우는 것이 더 효율적입니다.
공부 속도에 대한 감이 생기면 더 구체적인 계획을 세울 수 있고, 무엇보다도 미루지 않고 공부하는 습관을 만들 수 있습니다.

D-124

사막이 아름다운 건 어딘가에 우물이 숨겨져 있기 때문이야.

생텍쥐페리, 《어린 왕자》

우리의 인생이 아름다운 이유는, 거친 여정 속에서도 가끔 우물 같은 순간을 만나기 때문입니다.
온 세상이 우물로 구성되어 있다면, 더 이상 물의 소중함을 느낄 수 없겠죠.
사막을 걷는 시간 속에서도, 우물을 발견하는 기쁨을 아는 삶.
그게 바로 성장을 향한 여정이자 인간의 숙명이 아닐까요?

D-240

중요한 것은 연습한 시간이 아니라,
연습하는 동안 마음이 머무는 시간이다.
코비 브라이언

공부 시간과 순공 시간을 구분하는 데는 분명한 이유가 있습니다.
단순히 시간만 채우는 공부는 의미가 없기 때문입니다.
하루를 되돌아볼 때는 총 공부 시간이 아닌, 진짜 집중한 시간에 주목해 보세요.
마음이 머무는 공부는 학습의 질을 바꿉니다.

D-125

행복해지되 결코 만족하지 말라.
이소룡

일상에서 행복감을 유지하는 건 굉장히 중요합니다.
하지만 그렇다고 본인의 실력에 만족하고 안주하라는 뜻은 아닙니다.
'이게 최선인가'를 항상 생각하고, 본인의 실력을 계속 의심하세요.
합격의 순간까지 긴장의 끈을 놓지 맙시다.

D-239

지상의 낙원은 내가 있는 곳이다.
볼테르

'도망친 곳에 낙원은 없다'는 말이 있습니다.
수험 생활을 포기하고 다른 길을 찾는다고 해서 그곳은 낙원일까요?
본인이 선택한 길, 끝까지 우직하게 나아가 보세요.
분명 최고의 낙원을 만들 수 있을 것입니다.

D-126

배우고 때때로 익히면 기쁘지 아니한가.
공자

합격을 위한 공부는 물론 중요합니다.
하지만 공부 자체 즉, 세상에 대해 알아간다는 게 참 재밌지 않나요?
과거, 현재, 미래, 이 세상을 구성하는 수많은 지식을 모르고 지나가기에는 너무 아깝습니다.
나의 정체성을 확립해줄 공부의 의미에 대해 다시 한번 생각해 보세요.

D-238

칭찬은 고래도 춤추게 한다.
켄 블랜차드

자신에 대한 긍정적인 시선과 스스로를 인정하는 마음은 자신감을 높이고, 도전을 두려워하지 않는 태도로 이어집니다.
오늘의 나에게 칭찬을 해주세요.
'아침에 늦지 않게 잘 일어났어!'
'오늘 목표한 진도를 다 끝내다니, 정말 잘 했어.'
구체적으로 칭찬할수록 효과는 커집니다.

D-127

꿈은 항상 같은 자리에서 당신을 기다리고 있다.
꿈에서 멀어지는 건 언제나 자기 자신일 뿐이다.

연수남

당신의 꿈은 항상 그 자리에 서서 당신을 기다리고 있습니다.
중요한 건 지금도 내가 한 걸음씩 다가가고 있는가, 아니면 두려움과 불안 속에서 스스로 멀어지고 있는가입니다.
작은 실천이라도 이어 나가는 순간, 적어도 꿈에 한 발짝 더 다가가게 될 것입니다.

D-237

**인간은 살아있기 위해 무언가에 대한
열망을 간직해야 한다.**
마가렛 딜란드

삶을 움직이게 하는 원동력은 마음속 깊은 간절함입니다.
공부도 단순한 의무가 아니라, 진심으로 바라는 목표와 연결될 때 비로소 진정한 동기와 힘이 생깁니다.
그 열망이 있을 때, 피곤해도 책을 펴게 되고 지쳐도 다시 일어날 수 있습니다.
자신이 진짜 원하는 것이 무엇인지 자주 떠올려 봅시다.

D-128

거미줄을 모두 모으면 사자도 잡을 수 있다.
에티오피아 속담

지금 당장 한 시간의 공부가 별것 아닌 것처럼 느껴질 수 있습니다.
하지만 그 한 시간이 모여 하루를 만들고, 하루하루의 시간이 모여, 1년의 시간이 됩니다.
거미줄을 치듯 순간순간의 공부에 집중하세요.
겹겹이 쌓인 시간들로 결국 합격이라는 사자를 잡을 수 있을 것입니다.

D-236

웃음은 마음의 조깅이다.
노먼 커즌즈

웃음은 정신 건강과 활력을 유지하는 데 큰 역할을 합니다.
하루에 적어도 한 번, 자신에게 미소를 지을 시간을 주세요.
이 시간은 의미 없는 낭비가 아니라, 앞으로 나아갈 수 있는
힘이 됩니다.

D-129

더 이상 꿈을 꿀 수 없을 때 우리는 죽는다.
엠마 골드만

시험이 얼마 남지 않았는데, 아직 성적이 기대만큼 나오지 않아 힘들 때마다 되뇌어보세요.
아직 충분히 꿈을 꿀 수 있는 시기입니다.
남은 날이 있다는 것에 감사하며 최선을 다해봅시다.

D-235

가장 큰 위험은 위험 없는 삶이다.
스티븐 코비

공부가 너무 순탄하기만 하다면 경계할 필요가 있습니다.
모르는 개념과 틀리는 문제가 계속 나와야 발전이 있습니다.
지금의 공부가 어려울수록 역설적으로 시험은 쉬워집니다.
그 어려운 과정을 즐기세요.

D-130

춤을 못 추는 사람은 반주를 탓한다.

태국 속담

공부를 잘하는 사람은 성적이 기대에 못 미칠 때, 본인의 실력을 먼저 돌아봅니다.
반면에 공부를 잘하지 못하는 사람은 환경이나 운, 주변 탓부터 하죠.
공부에는 핑계가 없습니다.
결과는 언제나, 노력과 태도의 정직한 반영일 뿐입니다.

D-234

화살 하나는 쉽게 부러져도
화살 한 묶음은 절대 부러지지 않는다.
칭기즈칸

지금까지의 노력이 아무 의미 없는 것처럼 느껴지는 슬럼프에 빠지는 날도 있을 겁니다.
하지만 오늘은 지치고 멈춘 것 같아도, 과거의 끈기와 습관은 여전히 당신 안에 있습니다.
포기하지 않고 이어온 수많은 노력의 조각들은 당신을 이미 단단하게 만들어 주었습니다.
쉽게 꺾이지 않을 자기 자신을 믿으세요.

D-131

우리는 오늘을 낭비하고 있기 때문에
미래를 두려워한다.

마더 테레사

다가오는 시험일이 두렵게 느껴진다면, 먼저 스스로의 노력을 되돌아보길 바랍니다.
하루하루 가슴이 터질 듯이 최선을 다하는 사람에게 미래는 결코 두려운 존재가 아닙니다.
두려움은 대부분, 최선을 다하지 못한 아쉬움에서 비롯됩니다.
나에게 어떤 두려움도 허용하지 않을, 후회 없는 하루를 쌓아 가세요.

D-233

**인생에서 가장 중요한 두 가지 날은
당신이 태어난 날과
당신이 왜 태어났는지 깨달은 날이다.**
마크 트웨인

공부는 단순히 성적을 올리기 위한 것이 아니라, 내가 어떤 사람이고 무엇을 위해 살아갈지를 찾아가는 과정입니다.
그 이유를 찾는 순간, 공부는 의무가 아닌 선택이 됩니다.
더 이상 남이 시켜서 하는 공부가 아닌, 나의 꿈과 연결된 공부를 하세요.

D-132

위대한 일을 해내는 유일한 방법은, 당신이 하는 일을 사랑하는 것이다.

스티브 잡스

공부에 동기부여를 하는 방법에는 여러 가지가 있겠지만 공부 그 자체에서 즐거움을 느끼는 것이 가장 효과적입니다.
새로운 지식을 받아들임으로써 식견이 넓어지는 것, 점점 실력이 향상되는 것을 느끼는 것, 그에 따라 높아지는 성적에서 즐거움을 반드시 찾으세요.
억지로 생긴 동기는 결코 오래가지 않습니다.

D-232

**근본이 상하게 되면 가지도 죽게 된다.
먼저 근본을 튼튼히 해야 한다.**

공자

모든 일에는 기초가 가장 중요합니다.
문제를 틀릴 때마다 새로운 걸 배우려 하기보다, 앞서 배운 개념을 점검해 보세요.
기초를 탄탄히 다질수록 응용력과 실전 능력도 자연스레 따라옵니다.

D-133

모든 날이 화창하다면
세상은 사막이 되어 버린다.

사우디아라비아 속담

모든 날이 순조롭기만 하다면, 성장은 일어나지 않습니다.
비도 오고 바람도 불어야 더 튼튼하고 크게 자라는 힘이 생기죠.
배움의 어려움 또한 큰 성장의 기회입니다.

D-231

곧장 요점으로 날아가는 날개를 달아라.
사소한 문제에 매달리면 결국 큰 손해를 보고 만다.
이드리스 샤흐

공부를 할 때는 중요한 부분을 먼저 파악하고, 그것에 집중해야 합니다.
효율적인 학습은 전체 흐름과 핵심 개념을 파악하는 것에서 시작되기 때문입니다.
반면, 사소한 문제에 너무 오래 머물면 집중력이 흐트러지고, 자신감도 떨어집니다.
항상 '이게 왜 중요한가?'를 생각하며 공부하세요.

D-134

일찍 자고 일찍 일어나는 것이
사람을 건강하고 부유하며, 현명하게 만든다.
벤저민 프랭클린

사람에 따라, 아침형 인간일 수도, 저녁형 인간일 수도 있습니다.
하지만 적어도 수험생에게 있어서는 아침형 루틴이 유리합니다.
대부분의 시험이 오전에 시작하기 때문이죠.
지금부터라도 일찍 자고, 일찍 일어나는 습관을 들여보세요.
시험 당일의 컨디션은 하루아침에 만들어지지 않습니다.

D-230

서투르다는 말을 언제까지나 듣고 사는 사람은 없다.
서툰 경험이 쌓이고 쌓이다 보면 능숙해진다.
나카타니 아키히로

처음부터 공부를 잘하는 사람은 흔치 않습니다.
서툰 경험을 쌓아가면서 자신만의 노하우를 찾아가며 성장하죠.
매일 조금씩 발전해 나가는 나 자신을 보며 공부에 자신감을 붙여보세요.
자신감은 모든 일의 훌륭한 발판입니다.

D-135

돈은 결과다. 부자는 결과다. 건강도 결과다.
질병도 결과다. 당신의 몸무게도 결과다.
우리는 원인과 결과의 세계에 살고 있다.

하브 애커

지금 당신의 상태는 모두 명확한 인과관계 속에서 만들어진 '결과'입니다.
현재의 성적 역시, 그동안 쌓아온 공부의 정확한 결과물이죠.
하지만 지금은 '원인'을 바꿀 수 있는 시기이기도 합니다.
만족스러운 시험 결과를 원한다면, 지금 이 순간부터 원인을 달리해야 합니다.

D-229

**만나는 모든 사람에게서
무엇인가를 배울 수 있는 사람이
세상에서 가장 현명하다.**

《탈무드》

우리는 살면서 수많은 사람들은 만나게 됩니다.
그 사람들에게서 배울만한 점이 있는지 관찰해 보세요.
배울 점은 공부 스킬이 될 수도, 강력한 동기가 될 수도, 올바른 가치관이 될 수도 있습니다.
배우는 태도를 갖춘 사람은 하루하루 더욱더 뛰어난 학습자가 될 수 있을 것입니다.

D-136

언젠가 돌이켜보면,
투쟁의 세월이 가장 아름답다는 생각이 들 것이다.
지그문트 프로이트

목표가 있고, 그것을 위해 달려나가는 시절이 가장 아름답습니다.
그리고 바로 지금, 우리가 그런 시간을 살아가고 있죠.
다시는 안 올 지금 이 순간, 결과마저 좋다면 얼마나 더 아름답게 기억될까요?
인생의 황금빛이 될 시절을 만들어간다 생각하고 조금만 더 열정적으로 임해 봅시다.

D-228

야망도 일종의 노력이다.
칼릴 지브란

진심으로 이루고 싶은 목표가 있다면, 그 마음은 자연스럽게 꾸준함과 끈기로 이어집니다.
야망이 있기에 우리는 포기하지 않고 다시 나아가며, 더 나은 방법을 찾게 됩니다.
지금의 노력이 부족하게 느껴진다면, 내가 진짜 원하는 것이 무엇인지 다시 떠올려 보세요.
야망에도 노력이 필요합니다.

D-137

먼저 자신을 비웃어라. 다른 사람이 당신을 비웃기 전에.

엘사 맥스웰

현재 본인의 실력이 어느 정도인지, 합격 가능성이 어느 정도인지는 사실 스스로가 가장 잘 알고 있습니다.
이를 빠르게 간파하고 실력을 보완해 나가지 않으면 결국 남들이 비웃을만한 결과를 내고 말 것입니다.
내 실력을 나 혼자 비웃을 수 있을 때, 더 늦기 전에 최선을 다해봅시다.

D-227

**본인의 인생에 사명감을 갖고
진중한 태도로 노력하는 사람에게는
분명 최선의 길이 열릴 것이다.**

연수남

자신의 인생에 사명감을 갖는 사람은 매 순간을 결코 허투루 보내지 않습니다.
진중한 태도로 하루하루를 살다 보면 목표한 곳에 도달하거나 하늘이 더 적합한 길로 인도합니다.
하지만 되는대로 인생을 흘려보내는 사람에게 하늘은 아무것도 주지 않습니다.

D-138

아직 안 끝났다.
나는 멈추기에는 너무 어리다.
미셸 오바마

끝까지 질주해 보세요.
점점 더 속력을 높여 달려나갈 때의 쾌감은 정말 짜릿합니다.
공부는 관성이고, 기세입니다.
지금 멈추기에는 우리의 남은 인생이 너무 많이 남지 않았나요?

D-226

**만일 의식적으로 좋은 습관을 형성하려고
노력하지 않으면 자신도 모르는 사이에
좋지 못한 습관을 지니게 된다.**
디어도어 루빈

좋은 공부 습관을 쌓는 데는 많은 시간과 노력이 들지만, 잠시만 방심해도 습관은 금세 무너집니다.
수험 생활은 늘 관성과의 싸움입니다.
공부에 좋은 습관들을 지속적으로 실천하며 더욱더 굳건하게 만드세요.

D-139

내 성공으로 나를 판단하지 말고,
내가 몇 번이나 넘어졌다가
다시 일어섰는지로 나를 판단하라.

넬슨 만델라

인생에 있어서 성공은 분명 큰 축복임에 틀림없습니다.
하지만 더 중요한 건, 실패를 얼마나 많이 극복해 보았냐입니다.
단 한 번의 큰 성공을 맛본 사람은 쉽게 무너질 수 있지만, 여러 번의 실패를 극복해 본 사람은 결코 무너지지 않습니다.

D-225

선택은 순간이지만, 그 결과는 평생 영향을 끼칠 것이다.
엠제이 드마코

우리는 매 순간 선택의 기로에 섭니다.
지금 당장 공부를 할 지, 딴짓을 할 지는 당신의 선택에 달려 있습니다.
그 순간순간의 선택이 쌓여, 당신의 미래를 만들고, 운명을 만듭니다.
지금, 어떤 선택을 할 건가요?

D-140

기다릴 줄 아는 것이 성공의 제1 비결이다.
J.M. 메스트르

시험 날, 합격하는 날까지 기다리는 건 어쩌면 굉장히 지루한 일입니다.
하지만 성공하는 사람들은 그 지루함을 현명하게 견뎌낼 능력이 있습니다.
바로, 묵묵히 기다릴 줄 아는 '인내심'과 그 기다림을 노력으로 채우는 '성실함'입니다.
하루하루 노력을 쌓아가다 보면 그 기다림도 지루하지 않게 느껴질 것입니다.

D-224

**시간을 지배할 줄 아는 사람은
인생을 지배할 줄 아는 사람이다.**

에센 바흐

수험생에게 있어 가장 중요한 능력은 '시간 관리'입니다.
가장 정신이 맑은 시간에 가장 중요하고 약한 과목을 배치해 공부하세요.
그리고 자투리 시간을 어떻게 확보할지 치열하게 고민하세요.
시간을 지배하는 자가 결국 합격의 문을 열게 될 것입니다.

D-141

독서는 내가 이 세상을 이해하는 방법이었다.
버락 오바마

시험 스트레스에 지쳐 하얀 건 종이, 까만 건 글자처럼 보일 때가 있습니다.
하지만 교과서뿐 아니라 모든 책은 평생 곁에 둬야 할 소중한 친구입니다.
하루라도 빨리 책과 더 가까워지세요.
그 우정은 결코 당신을 실망시키지 않을 겁니다.

D-223

순간을 사랑하라.
그러면 그 순간의 에너지가
모든 경계를 넘어 퍼져 나갈 것이다.
코리타 켄트

많은 사람들이 과거의 후회와 미래의 불안 속에서 현재를 놓칩니다.
하지만 현재에 집중하지 못한다면, 삶은 결코 충만해지지 않습니다.
지금, 이 순간에 온전히 집중하겠다는 다짐을 해보세요.
그 에너지가 과거와 미래로 퍼져 나가 만족스러운 인생을 완성시켜 줄 것입니다.

D-142

인생이 주는 최고의 상은 가치 있는 일에
열심히 몰두할 수 있는 기회를 얻는 것이다.

시어도어 루스벨트

공부는 만능열쇠는 아니지만, 내가 진짜 원하는 길을 찾는 가장 범용적이고 강력한 도구입니다.
좋아하는 일을 발견했을 때, 공부는 그 기회를 더 크게 만들 수 있는 힘이 되어주죠.
이 사실을 더 빨리 깨닫는 사람이, 결국 인생을 더 즐겁고 주도적으로 살아갈 수 있습니다.

D-222

궁금해하지 않으면 절대로 잘할 수 없다.
나빌 라비칸트

공부를 잘하는 사람들, 공부에 열정이 있는 사람들의 공통점은 무엇일까요?
바로, 궁금증과 호기심이 많다는 점입니다.
현재 준비하고 있는 시험에 궁금한 것이 없다면 반성해야 합니다.
본인의 업에 늘 질문이 있고, 알아가려는 태도는 기본 중에 기본입니다.

D-143

자연의 어떤 것도 우연이 아니다.
어떤 것은 단지 우리의 지식이 부족해서
우연으로 보일 뿐이다.
스피노자

분명히 아는 개념인데 문제를 틀렸다면, 그건 실수가 아닌 '이해 부족'의 신호입니다.

시간을 들여 다시 원리를 파고들다 보면 이해의 빈틈을 발견할 수 있을 것입니다.

오답노트를 잘 활용해 빈틈을 잘 메꿔봅시다.

D-221

**만약 잠이 오지 않는다면,
누워 걱정하지 말고 일어나서 무언가를 해라.
당신이 얻는 것은 걱정이지, 잠의 부족이 아니다.**
데일 카네기

여러 가지 불안과 걱정으로 잠이 오지 않는 밤, 그때는 억지로 침대에 누워 잠을 청하기보다는 조용히 개념서를 꺼내 읽어보세요.
시험 대비도 되고, 잠도 오는 일석이조의 효과를 누릴 수 있을 것입니다.

D-144

**삶의 원동력은 무엇일까?
첫째도 욕망, 둘째도 욕망, 셋째도 욕망이다.**

스탠리 쿠니츠

공부에 동기부여가 떨어질 때는 내 안에 숨겨진 진짜 욕망을 다시 살펴보세요.
내가 간절하게 원하는 것이 무엇인지, 그것을 얻기 위해 공부를 열심히 해야 하는 이유를 곰곰이 생각해 봅시다.

D-220

할 수 있다는 믿음을 가지면 그런 능력이 없을지라도 결국에는 할 수 있는 능력을 갖게 된다.

마하트마 간디

처음부터 잘하는 사람은 없습니다.
하지만 스스로를 믿고 도전하는 사람만이 결국 해낼 수 있습니다.
매일의 작은 노력이 쌓이면, 그 믿음은 실제 실력과 능력으로 바뀌게 됩니다.
자신을 의심하기보다는, 한 번 더 시도해 보는 용기를 내보세요.
그 태도가 당신을 진짜 성장으로 이끌 것입니다.

D-145

> 두 명의 남자가 감옥 창살에서 밖을 내다보았다.
> 한 명은 진흙을 보았고, 다른 한 명은 별들을 보았다.
>
> 프레드릭 랭브리지

매일 반복되는 일상이 때로는 감옥처럼 답답하게 느껴질 수 있습니다.
하지만 같은 상황에서도, 누군가는 진흙을 보고, 누군가는 별을 봅니다.
당신은 무엇을 보고 있나요?
태도의 차이는 결국, 전혀 다른 미래를 만들어냅니다.
무슨 일이 있어도, 별을 바라보는 사람이 됩시다.

D-219

상상력은 최고의 방식으로 쓰면 창의성이 되고,
최악으로 쓰면 불안이 된다.

디팩 초프라

인간은 누구나 다양한 상상을 하며 살아갑니다.
이때, 상상의 방향을 어디로 돌리느냐에 따라 남은 인생이 크게 달라집니다.
불안한 상상은 마음을 지치게 만들지만, 긍정적인 상상은 인생을 더 흥미롭게 만들어줍니다.
자신의 재능과 세상의 필요를 연결할 방법을 끊임없이 고민하고 상상해 보세요.

D-146

사람은 걷는 규칙을 배워서 걷지 않는다.
걸음을 시도하고, 넘어지면서 배운다.

리처드 브랜슨

공부는 실전입니다.
개념을 완벽하게 공부하고 문제 풀이로 넘어가는 것에 집착하지 마세요.
개념이 머리에 잘 들어오지 않는다면, 역으로 문제 풀이로 개념을 이해해 보는 것도 방법입니다.
늘 유연하게 공부하는 방법에 대해 고민합시다.

D-218

> 오르고 싶은 산을 결정하면 인생의 반은 결정된다.
> 자신이 오르고 싶은 산을 정하지 않고 걷는 것은
> 길을 잃고 헤매는 것과 같다.
> 손정의

목표가 명확하면, 공부 방향과 방법도 자동으로 정리됩니다.
반대로 목표 없이 공부하면, 많은 시간을 들여도 성과가 적고 쉽게 지칩니다.
목표는 동기 부여의 원천이자, 어려운 순간을 버티게 하는 힘입니다.
당신은 지금, 어떤 산을 오르고 있나요?

D-147

하나의 작은 꽃을 만드는 데도
오랜 세월의 노력이 필요하다.

윌리엄 블레이크

겉보기엔 작고 단순해 보이는 성과도 보이지 않는 곳에서의 긴 시간과 노력이 쌓여 만들어집니다.
하물며, 합격이라는 거대한 성과를 이루기 위해 얼마나 많은 노력이 필요할까요?
작은 개념 하나부터 차근차근 정복해 나가 큰 성과를 이루어 봅시다.

D-217

자신을 명령할 수 있는 힘,
즉, 자제력이 없는 사람은 도대체 어떤 힘으로
남을 지배할 수 있단 말인가?

라블레이

당신은 목표한 곳에 합격해 장차 크게 될 사람입니다.
지금을 인재의 덕목 중 하나인 '자제력'을 키우는 기간이라고 생각하세요.
수험 생활은 공부를 열심히 해 성적을 올리는 기간이기도 하지만, 자기 자신을 통제하고 절제해 높은 수준의 정신력을 키우는 기간이기도 합니다.

D-148

바보는 자신이 현명하다고 생각하지만,
현명한 사람은 자신이 바보라는 것을 안다.
셰익스피어

'독서실에 마지막까지 남아서 공부를 한다. 참 웃기는 일이었다. 내가 제일 공부를 잘하는데, 내가 제일 열심히 한다.'
어느 서울대 의예과 합격자의 후기입니다.
진짜 실력자는 많이 알수록, 자신의 부족함도 더 정확히 알기 때문에 자만하지 않고 더 절박하게 노력합니다.
당신은 지금, 어떤 자세로 공부하고 있나요?

D-216

인간은 쉬운 일을 어렵게 만드는
엉뚱한 특성이 있는 듯하다.

워런 버핏

수험 생활은 단순해야 합니다.
기상 – 공부 – 휴식 – 공부 – 운동 – 공부 – 취침.
지금 이 시기에, 이보다 더 중요한 루틴이 있을까요?
일상을 불필요한 생각과 루틴으로 복잡하게 만들지 마세요.
삶은 합격 이후에 복잡해져도 충분합니다.

D-149

가장 짧은 대답은 해내는 것이다.
영국 속담

가장 멋없는 사람은 본인이 하지 않은 것, 해내지 못한 것에 대해 왈가왈부하는 사람입니다.
행동과 결과로 증명하세요.
아무 설명이 없어도 사람들이 인정하게 됩니다.

D-215

지식은 힘이다.
파이겐바움

이 세상을 움직이는 힘은 넓고 깊은 지식을 가진 사람에게서 나옵니다.
강력한 파워를 가진 사람이 되고 싶다면, 스펀지처럼 지식을 흡수하세요.
아는 게 많아질수록 당신의 세계도 더 넓고 강해질 것입니다.

D-150

가장 어두운 밤도 언젠가 끝나고 해가 떠오른다.
빅토르 위고

150일.
많이 남은 것 같기도 하고, 왠지 모르게 조급해지는 숫자이기도 하죠.
오늘부터 150번의 기회가 남아있다고 생각해 보세요.
실수해도 괜찮고, 느려도 괜찮습니다.
오늘도 한 걸음, 분명히 성장하고 있으니까요.

D-214

어려움 한가운데에 기회가 있다.
알버트 아인슈타인

본인이 세운 목표를 위해 하루하루 정직하게 최선을 다하세요.
요령 피우지 말고, 정면으로 자신에게 맞서보세요.
우리는 이미 이 길의 끝에 무엇이 있는지 알고 있습니다.

D-151

당신은 무엇을 원하는가?
앉아서 종이에 써보라.
현재형으로 써라.

밥 프록터

당신이 진정으로 원하는 게 무엇인가요?
합격? 아니면 합격 이후 펼쳐질 삶?
지금 당장 이 페이지에 현재형으로 적어보세요.
이루어질 것입니다.

D-213

**현명한 사람은 적절한 시기를 잡지만,
어리석은 사람은 시기를 놓친다.**
발타자르 그라시안

공부에는 때가 있습니다.
지금 이 시기를 놓친다면, 다시는 온전히 집중할 기회를 얻지 못할 수도 있습니다.
지금 나에게 주어진 시간의 소중함을 인식하세요.
한번 흐른 시간은 결코 되돌릴 수 없습니다.

D-152

정직함이 가장 오래간다.

독일 속담

정직함은 인생에 있어 가장 중요한 덕목 중 하나입니다.
공부에 있어서도 마찬가지입니다.
요령을 피우지 않고, 온전히 나의 정신력과 에너지, 많은 시간을 투자하는 길만이 가장 오래가고 정직한 공부법입니다.

D-212

나는 성실이 모든 영웅의 특징이라고 생각한다.
깊고 위대하고 진실한 성실 말이다.

토머스 칼라일

어렸을 때 읽었던 동화를 떠올려보면, 주인공은 언제나 온갖 역경과 고난을 이겨낸 인물입니다.
그들에게서 발견할 수 있는 공통된 특성이 무엇일까요?
바로 '성실'입니다.
성실성 하나만으로도, 공부라는 여정 속에서 충분히 영웅이 될 수 있다는 사실을 기억하세요.

D-153

경험 없는 개념은 공허하고,
개념 없는 경험은 맹목적이다.

칸트

이론 공부와 문제 풀이의 밸런스는 백 번 강조해도 지나침이 없습니다.
이론만 공부하면 문제 풀이에 적용하지 못하고, 실전 문제 풀이만 하면 방향을 잃고 같은 실수를 반복하게 됩니다.
이해한 내용은 바로 문제 풀이에, 틀린 문제는 다시 이론으로 돌아가는 방식으로 공부해 보세요.

D-211

괴로움을 남기고 간 것을 맛보라.
고난도 지나고 나면 감미롭다.
요한 볼프강 폰 괴테

매일 반복되는 일상 속에서도 묵묵히 고난을 견뎌낸 지난날을 떠올려 보세요.
그 길을 꾸준히 걸어온 당신, 충분히 자랑스러워할 만합니다.
합격 후, 이 시간들이 얼마나 소중했는지 분명 알게 될 겁니다.
지금 이 순간이 감미롭게 기억될 그날까지, 계속 정진해 나가세요.

D-154

자기 자신을 하찮은 사람으로 깎아내리지 말라.
그런 태도는 자신의 행동과
사고를 꽁꽁 옭아매게 한다.
무슨 일을 하더라도 자기 자신을
사랑하는 것으로부터 시작하라.

니체

나의 자존감을 지킬 수 있는 사람은 나뿐입니다.
세상 모든 사람들이 나를 무시해도, 나는 나를 무시해서는 안 됩니다.
내가 결코 하찮은 사람이 아니라는 걸 세상에 증명해 보이세요.

D-210

하기 싫은 일로 하루하루를 쌓아가면
원하던 인생을 살게 될 것이고,
하고 싶은 일로만 하루하루를 쌓아가면
원하지 않던 인생을 살 것이다.
그것이 인생의 역설이고 묘미다.

연수남

하고 싶은 일만 하면, 결국 하기 싫은 일을 하며 살게 됩니다.
하지만 하고 싶지 않은 일을 하면, 결국 하고 싶은 일을 하며 살게 됩니다.
어느 쪽을 택할 건가요?
1년 뒤에도 오늘과 같은 자리에 앉아있을 건가요?

D-155

> 나는 만 가지의 발차기를
> 한 번씩 연습한 사람은 두렵지 않다.
> 그러나 한 가지의 발차기를
> 만 번 연습한 사람은 두렵다.
>
> 이소룡

아무 의미 없이 공부 시간만 채우는 사람은 전혀 무섭지 않습니다.
하지만 자신의 약점을 집요하게 교정하며 그 시간을 갈고닦는 사람은 정말 무섭습니다.
경쟁자들에게 당신은 어떤 사람인가요?

D-209

이기는 것과 지는 것의 차이는
대부분 그만두지 않는 데 있다.
월트 디즈니

성공 공식은 사실 단순합니다.
포기하지 않는 것.
끝까지 가면서, 늘 최고의 효율성을 고민하세요.
레이스를 완주하는 사람은 승리한 것과 다름없습니다.

D-156

운동을 위해 따로 시간을 내지 않으면,
병 때문에 시간을 내야 할지도 모른다.

로빈 샤르마

공부는 체력싸움입니다.
규칙적인 운동을 통해 체력을 단련하고, 기분 좋은 에너지를 느껴보세요.
분명 기나긴 수험 생활을 버티는 데 큰 자양분이 될 것입니다.

D-208

당신이 지금 어디에 있는지는 중요하지 않다.
중요한 것은 당신이 어디로 향하고 있느냐다.
밥 프록터

인간의 가능성은 무궁무진합니다.
지금 같은 공간에서 공부하고 있는 주변 사람들, 5년 후에는 각자 다른 곳에 있을 겁니다.
10년 후에는 더더욱 다른 위치에 있겠죠.
지금 있는 곳은 중요치 않습니다.
본인의 가능성을 믿고 더더욱 높은 곳을 향해 나아가 봅시다.

D-157

가장 중요한 것은 눈에 보이지 않아.

생텍쥐페리, 《어린 왕자》

점수나 등수처럼 눈에 보이는 것들에 너무 마음을 뺏기지 마세요.
집중, 성실함, 꾸준함은 눈에는 보이지 않지만, 가장 중요한 기반입니다.
진짜 힘은 우리 속에서 계속 자라고 있어요.

D-207

**모든 것을 다 하기에 시간은 충분하지 않지만,
가장 중요한 일을 하기 위한 시간은 항상 충분하다.**
브라이언 트레이시

우리는 항상 공부할 시간이 부족하다고 말합니다.
교과서의 A부터 Z까지 꼼꼼하게 보려고 하면 이 세상의 어떤 시험을 준비해도 시간이 부족할 것입니다.
전체를 먼저 훑고, 그 안에서 중요한 것, 시험에 나올 것을 생각해 보세요.
교과서가 다르게 보이기 시작할 것입니다.

D-158

세 사람이 길을 가면 반드시 나의 스승이 있으니,
그 중 나보다 나은 사람의 장점은 가려서 따르고
나보다 못한 사람의 단점을 보고서는
그것을 바로잡아라.

공자

수험 생활은 오롯이 공부에 집중하는 시간입니다.
그러나 그 과정에서도 사람들을 통해 나를 비추고 돌아보는 일은 중요합니다.
타인을 보며 배우고 반성하는 태도는, 결국 우리의 공부에도 깊이를 더해줄 것입니다.

D-206

좋은 행동을 하는 것은 쉽지만 그러한 행동을
습관으로 정착시키는 것은 쉽지 않다.
아리스토텔레스

모든 순간에 최고 수준의 노력을 유지하는 건, 결코 쉽지 않습니다.
하지만 이 어려운 일을 해낸 사람이 결국 최고의 성적과 합격을 거머쥡니다.
장인 정신으로 한 땀 한 땀 공부 습관을 만들어 가세요.

D-159

누구나 한 가지는 잘할 수 있다.
세종대왕

공부는 누구든 노력으로 바꿀 수 있는 분야입니다.
먼저 자신 있는 과목 하나를 만들고, 그 자신감을 조금씩 넓혀가 보세요.
그 작은 시작이 인생 전체에 긍정적인 변화를 가져올 겁니다.

D-205

미래는 오늘 당신이 무엇을 하느냐에 달려 있다.
마하트마 간디

지금까지의 노력이 생각만큼 잘 풀리지 않았나요?
아직 실망하기에는 이릅니다.
올바른 가치관과 정직한 노력을 바탕으로 오늘의 마음가짐을
새로 해보세요.
인생은 천천히 긍정적인 방향으로 바뀌기 시작할 것입니다.

D-160

어제로 돌아가는 건 무의미해.
나는 그때와는 다른 사람이니까.
루이스 캐럴, 《이상한 나라의 앨리스》

처음 공부를 시작했을 때보다 훌쩍 성장한 실력이 느껴지나요?
하루하루 최선을 다해왔다면, 분명 어제와 다른 나를 느꼈을 겁니다.
그 변화를 체감하는 사람에겐 시험이 다가오는 게 두렵지 않고, 오히려 시험날이 기다려지기까지 하죠.
멘탈도 실력처럼, 노력으로 만들어 갈 수 있습니다.

D-204

당신이 걷는 그 길은 홀로 걷는 당신만의 길이다.
다른 사람이 같이 걸을 수는 있어도
대신 걸어줄 순 없다.

루미

인생과 성장, 특히 공부는 결국 스스로 책임지고 나아가야 하는 여정입니다.
공부할 책을 펴고, 문제를 풀고, 실수를 받아들이고, 다시 시작하는 건 오직 '나'만이 할 수 있는 일이기 때문이죠.
곁에서 응원하고 도와줄 수는 있지만, 결국 성공은 나 혼자만의 힘으로 쟁취해 내야 된다는 걸 기억하세요.

D-161

운명은 우리가 기대했던 것보다
더 유리하게 우리의 운명을 안내한다.
미겔 데 세르반테스, 《돈키호테》

지난 인생을 되돌아보면 예상 밖의 선물 같은 순간들이 종종 있었을 겁니다.
그 순간들은 우리를 성장시키고, 다채롭게 만들어 주었죠.
오늘의 고난과 고민이 미래의 나에게 어떤 선물로 변하여 돌아올지, 궁금하지 않나요?

D-203

> 두려워하는 일을 계속해서 하라.
> 그것이 두려움을 극복하는
> 가장 빠르고 확실한 방법이다.
> 데일 카네기

시험 날짜가 하루하루 다가올수록 불안감은 더 커지기 마련입니다.
하지만 불안함을 외면하지 않고, 준비에 최선을 다할수록 두려움은 점점 작아집니다.
피하지 말고 정면으로 맞서세요.
시험은 결국 기세 싸움입니다.

D-162

확신을 가져라.
아니 확신에 차 있는 것처럼 행동하라.
그러면 진짜 확신이 생겨난다.

빈센트 반 고흐

결과를 미리 확신할 수 있는 사람은 많지 않습니다.
만약 알 수 있다면, 이렇게 초조하거나 힘들지도 않겠죠.
그럴수록 이미 합격했다는 마음가짐으로 공부해 보세요.
확신에 차서 공부하는 사람은 날개를 달고 공부하는 것과 같습니다.

D-202

인간은 패배하도록 만들어진 존재가 아니야.
어니스트 헤밍웨이, 《노인과 바다》

공부를 하다 보면 누구나 슬럼프를 겪게 됩니다.
하지만 중요한 건, 그 순간에도 '나는 다시 시작할 수 있다'라는 강한 믿음입니다.
그 믿음이 희망을 만들고, 행복을 이끌어 줄 것입니다.
다시 일어나 목표를 향해 한 걸음씩 힘차게 나아가세요.
당신의 도전은 반드시 결실을 맺을 것입니다.

D-163

인간은 노력하는 한 방황한다.
요한 볼프강 폰 괴테

모든 일이 어려움 없이 너무나 순조롭게 진행되고 있다면 다시 한번 본인의 노력을 되돌아볼 필요가 있습니다.
쉽게만 공부한 건 아닐까요?
본인의 한계를 뛰어넘는 노력에는 많은 고난과 방황이 따릅니다.
그 과정을 극복했을 때 비로소 남들이 감히 넘보지 못하는 고수가 되는 것이죠.

D-201

사람이 인생에서 가장 후회하는 어리석은 행동은
기회가 있을 때 저지르지 않은 행동이다.

헬렌 롤랜드

우리는 어떤 것을 지나치고 난 후에야 그것이 얼마나 소중했는지 알게 됩니다.
공부도 마찬가지입니다.
시험이 끝난 뒤에야 더 준비할 수 있었던 순간들을 떠올리며 후회하죠.
힘들더라도, 소중한 오늘의 시간을 반드시 지켜내세요.

D-164

할 수 없는 것이 할 수 있는 일을
방해하지 못하게 하라.

존 우든

우리가 통제할 수 있는 것은 공부이고, 통제할 수 없는 것은 출제 난이도, 경쟁자들의 실력과 성적, 시험장 환경, 주변 사람의 말과 기대, 과거 시험의 성적입니다.
통제할 수 없는 것을 걱정할 시간에 내가 할 수 있는 공부에 집중해 봅시다.

D-200

삶을 즐겨라.
온전히 즐겨라.
삶에 유머를 더하면 더할수록 우리는 더 잘 산다.
밀턴 에릭슨

앞으로 200일, 남은 날짜에 마음이 타겠지만, 어차피 해야 된다면 이 과정마저 즐겨보는 건 어떨까요?
고난도 즐길 수 있는 능력을 키워 둔다면 남은 모든 인생에 큰 자양분이 될 것입니다.

D-165

우리를 괴롭게 하는 것은
외부의 사물이 아니라 우리의 마음이다.
마르쿠스 아우렐리우스

해야 할 공부는 쌓여있고, 불투명한 미래에 심란한 마음, 수험생이라면 모두 똑같습니다.
하지만 이 상황을 즐길지, 무덤덤하게 보낼지, 괴로워할지는 마음먹기에 따라 달라집니다.
기왕 준비하는 시험, 즐기면서 해보는 게 어떨까요?

D-199

완벽함이 아닌 탁월함을 위해 애를 써라.
H. 잭슨 브라운 쥬니어

완벽한 대비를 위해 너무 스트레스받을 필요 없습니다.
'최상'이 아닌 '최선'의 결과를 목표로 한다면 보다 효율적인 공부를 할 수 있게 됩니다.
부담스러운 마음을 내려놓고 컨디션을 잘 조절하며 정진해 나갑시다.

D-166

우리의 가장 큰 약점은 포기다.
가장 확실하게 성공하는 방법은
언제든 한 번 더 해보는 거다.

토머스 에디슨

아무것도 하기 싫은 날, 집중이 안 되는 날.
하지만 그럴수록 아주 작은 행동 하나가 다시 움직이게 만드는 시동이 됩니다.
딱 10분만 책을 펴보세요.
슬럼프는 '멈춤'이 아니라 '일시 정지'입니다.

D-198

많은 것들이 불가능해 보이지만,
실제로 불가능한 것은 극히 드물다.

일론 머스크

불가능하다고 생각하면 불가능하고, 가능하다고 생각하면 가능해지는 게 인생의 진리입니다.
남들은 불가능하다고 생각하는 것일지라도, 그 가능성을 찾아 집요하게 파고들어 봅시다.
어느새 어떤 상황에서도 가능성을 만들어낼 수 있다는 자신감이 생길 것입니다.

D-167

뭔가를 즐겁게 기다리는 것에
그 즐거움의 반은 있다고 생각해요.
그 즐거움을 얻지 못한다 해도,
기다리는 동안의 기쁨은 분명 나만의 것이니까요.

루시 모드 몽고메리, 《빨간 머리 앤》

결과는 아직 알 수 없지만, 그걸 기다리며 애쓰는 당신의 하루하루는 그 자체로 이미 충분히 가치 있는 시간입니다.
초조함보다는 기쁨으로 그날을 기다려 보세요.
긍정적인 마음은 내 자산이 되고, 결과마저 바꿔버릴 수 있습니다.

D-197

지금 그 노력은 가짜 노력입니까,
진짜 노력입니까?

연수남

남에게 보이는 가짜 노력은 의미가 없습니다.
최선을 다했는지는 오직 본인만이 알고 있기 때문입니다.
오늘 공부를 마치고 스스로에게 질문해 봅시다.
"오늘, 나는 진짜 노력을 했는가?"

D-168

당신이 할 수 있다고 생각하든,
할 수 없다고 생각하든,
생각하는 대로 될 것이다.

헨리 포드

자신의 믿음이 결과를 결정짓는 출발점이 됩니다.
믿음이 행동을 이끌고, 행동이 실력을 만들고, 실력이 결과를 만듭니다.
매일 "나는 가능하다"라고 스스로에게 말해 주세요.
합격을 이끌어내는 비밀의 주문입니다.

D-196

오늘 무슨 일이 일어나든, 그것이 좋은 일의 시작임을 깨달아라.

밥 프록터

인생을 살다 보면 예기치 않은 일들이 많이 일어납니다. 하지만 변명과 비난, 좌절 대신 나에게 일어나는 모든 일이 세상이 날 위해 준 교훈 또는 선물이라고 생각해 보세요. '얼마나 좋은 일이 생기려고 이런 일이 있지!'라고 믿으면 실제로도 그렇게 됩니다.

D-169

어디로 가야 할지 모르겠다면,
어디든 갈 수 있는 거야.
루이스 캐럴, 《이상한 나라의 앨리스》

불확실함은 때때로 큰 불안으로 다가옵니다.
하지만 정해진 길이 없다는 건, 스스로의 길을 만들어갈 수 있다는 뜻입니다.
진심을 다해 개척해 나간 길은 결코 당신을 나쁜 곳으로 인도하지 않을 것입니다.

D-195

아무것도 하지 않는 것에도 가치가 있다.
요한 볼프강 폰 괴테

공부를 하다 보면 분명, 컨디션이 바닥을 치는 날이 옵니다.
그때는 꾸역꾸역 책상에 앉아 공부를 하기보단, 차라리 온전히 나에게 휴식을 주는 것이 낫습니다.
완전히 재충전의 시간을 갖는다면, 다음날부터 다시 달려나갈 힘을 얻게 될 것입니다.

D-170

빈 수레가 요란하다.

속담

인상 깊은 사람이 되고 싶나요?
스스로를 드러내고 인정받기 위해 온갖 미사여구를 붙이는 사람들이 많습니다.
하지만 별다른 말없이 당신의 경력이 많은 것을 증명해 주는 사람이 되어 보세요.
합격이 그 출발점이 되길 기원합니다.

D-194

진정으로 무지하려면,
자신의 지식에 만족하라.
장자

사람들은 흔히 과한 욕심을 버리라고 말하지만, 지식에 대한 욕심만큼은 예외입니다.
자신의 지식에 만족하는 순간, 성장은 멈추고, 진짜 무지에 가까워집니다.
지식은 아무리 많이 먹어도 탈이 나지 않는, 가장 훌륭한 마음의 양식입니다.

D-171

진정한 노력은 결코 배신하지 않는다.

이승엽

어설픈 노력은 배신할 수 있지만, 진정한 노력은 배신하지 않습니다.
진짜 노력은 나 자신도 알고, 주변도 알고, 결국 세상도 알아줍니다.
가슴 위에 손을 얹고, 지금 나는 진정한 노력을 하고 있는지 되짚어 봅시다.

D-193

움직임만 믿어라.
삶은 말이 아닌 사건의 차원에서 일어난다.
그러니 움직임을 믿어라.

알프레드 아들러

성적의 변화를 이끌어내는 것은 오직 움직임, 즉 실질적으로 공부를 하는 것뿐입니다.
말로만 하는 보여주기식 공부를 하는 사람은 머지않아 그 실체가 탄로 납니다.
묵묵히 자신만의 길을 걸어가듯, 실력 향상을 위해 정진하세요.

D-172

탁월함은 타고나는 것이 아니라,
반복된 습관을 통해 형성된다.

아리스토텔레스

진짜 실력은 재능이 아니라 꾸준한 반복에서 나옵니다.
처음부터 똑똑한 사람이 성공하는 것이 아니라, 매일 조금씩 반복하고 쌓는 사람이 결국 큰 차이를 만들어 내는 것이죠.
습관은 귀찮고 평범한 행동 같지만, 그 평범함이 위대함을 만듭니다.

D-192

편안한 삶을 위해 기도하지 말고,
어려운 삶을 견딜 수 있는 힘을 위해 기도하라.

이소룡

성공을 바라면서 편안한 삶 또한 바라는 것은 역설입니다.
편안한 삶은 곧 평균적인 삶을 의미합니다.
하지만 어려운 삶을 걸어가겠다는 의지를 갖고, 이를 견뎌낸다면 분명 인생의 보물 상자를 얻을 수 있게 될 것입니다.
어려움을 헤쳐 나가며 성공의 날을 기다려봅니다.

D-173

열 번 찍어 안 넘어가는 나무 없다.

한국 속담

무엇이든 한 번에 되는 건 거의 없습니다.
계속 시도하는 사람만이 결국 나무를 넘깁니다.
공부도 마찬가지입니다.
열 번 찍어 넘어뜨리겠다는 마음으로 꾸준히 두드리세요.
멈추지 않는 자세가 성공의 열쇠입니다.

D-191

내가 성공한 것은 어떤 약속에서도 반드시
15분 전에 도착한 덕택이다.

넬슨

인간관계에 있어 약속 시간에 먼저 나와있는 것은 굉장히 훌륭한 매너입니다.
이는 학습에 있어서도 중요한 태도입니다.
수업 시간, 자습 시간, 시험 시간 전에 미리 도착해 책상에 앉아 차분히 준비하세요.
목표를 인식하고 누구보다 빠르게 움직이는 사람은 성공도 그만큼 빨리 쟁취하게 됩니다.

D-174

몸을 관리하라.
그러면 나머지는 자동적으로 강해질 것이다.

장자

멘탈과 체력이 많이 약해졌다면, 몸부터 관리해 봅시다.
지금 당장, 밖으로 나가 걷는 것부터 시작해 보세요.
가벼운 운동과 스트레칭만으로도 마음은 자연스럽게 회복의
방향으로 움직입니다.

D-190

방향을 바꾸지 않으면,
결국 지금 가고 있는 곳에 도착하게 될 수도 있다.

순자

노만 열심히 저어서는 배가 목표 지점에 도착하지 않습니다.
멀리 보며 방향키로 선로를 조정해 줘야 하죠.
공부 또한 오래 앉아있는 것만으로는 목표에 도달할 수 없습니다.
능률이 오르지 않는다면 과감히 공부 전략을 수정해야 할 때입니다.

D-175

당신이 좋아하는 일을 시작하면,
당신은 인생에서 다시 일하는 날이 없을 것이다.
브라이언 트레이시

공부는 내가 열 수 있는 미래를 늘려주는 열쇠입니다.
그중 좋아하는 일을 택해 즐겁고 재밌게 사는 인생을 상상해 보세요.
지금 당장 열심히 공부할 동기가 충분해지지 않나요?

D-189

우물 속에 사는 개구리는 바다를 알지 못한다.

장자

주위 친구들 보다 높은 성적을 얻고 있다면 그것은 분명 좋은 신호입니다.
하지만 그 사실에 안주하는 '우물 안 개구리'가 되어서는 안 됩니다.
본인이 속한 집단보다 더 상위권의 집단, 그들의 성적과 공부 방식을 접할 기회가 있다면 경험해 보세요.
새로운 인사이트를 얻고, 더 강력한 공부 자극이 될 것입니다.

D-176

인간의 뇌는 문제를 느끼지 않으면
지혜를 파내지 않는다.
문제가 생겼을 때 '왜'를 다섯 번만 반복해 보면
해답이 나온다.

오노 다이이치

막막함과 마주한 순간,
포기하지 말고 끈질기게 질문을 이어가세요.
그럼 답은 분명히 찾아올 겁니다.

D-188

항아리를 보지 말고 그 안에 든 것을 보아라.
《탈무드》

공부는 여러 개의 항아리에 물을 붓는 것과 같습니다.
하나의 항아리가 가득 찰 때까지는 실력이 얼마나 늘었는지 스스로도 판단하기 어렵습니다.
하지만 그 시간을 견디는 것이 중요합니다.
찰랑찰랑 물이 가득 찬 항아리들이 하나둘 늘어날수록, 나에 대한 확신은 더욱 강해질 것입니다.

D-177

노동은 인생을 감미롭게 해주는 것이지
결코 힘겨운 짐이 아니다.
걱정거리가 있는 자만이 노동을 싫어한다.

빌헬름 브르만

'내가 헛되이 보낸 오늘 하루는 어제 죽어간 이들이 그토록 바라던 하루다'라는 말이 있습니다.
일을 할 수 있는 하루, 공부를 할 수 있는 하루가 주어진 게 얼마나 감사한 일인가요?
거기에 하루하루 더 발전할 수만 있다면 더할 나위 없이 좋은 인생이 될 것입니다.

D-187

나는 단순히 이 세계를 방문한 것으로
끝내고 싶지 않다.

메리 올리버

한 사람의 능력이 얼마나 무궁무진한 지를 보여 주세요.
무엇이든 될 수 있는 가능성 있는 존재가 바로 나라는 것,
가슴 벅차지 않나요?

D-178

어떤 일에 대해 너무 생각을 많이 한다면
절대 그 일을 이룰 수 없다.

이소룡

'Just do it(그냥 하라)'은 성공한 사람들의 공통된 행동 원칙입니다.
합격에 대한 불안감, 미래에 대한 불확실성, 지나치게 완벽한 공부 계획 세우기에 너무 많은 시간을 소비하지 마세요.
그냥 시작하세요.
그리고 하면서 계속 궤도를 수정해 나가세요.
결국, 해내는 사람은 생각보다 먼저 '움직인' 사람입니다.

D-186

삶에서 끌어내는 즐거움은
얼마나 환경 탓을 하는지에 반비례한다.

앤드류 매튜스

공부를 방해하는 요인들은 수십, 수백 가지입니다.
하지만 그때마다 환경을 탓한다면, 어떤 발전도 기대하기 어렵습니다.
진짜 변화는 주어진 조건을 넘어서려는 나의 선택과 노력에서 시작됩니다.
공부를 즐기고 그 시간을 의미 있게 만들고 싶다면, 책임을 외부가 아닌 나에게 돌리는 연습부터 시작해 보세요.

D-179

잔잔한 바다는 숙련된 뱃사공을 만들지 못한다.

영국 속담

진짜 실력은 어려움 속에서 쌓입니다.
교과서 내용이 이해가 잘 안된다면 기뻐하세요.
어려운 문제를 틀렸다면 더더욱 기뻐하세요.
지금 당신은 실력이 비약적으로 향상되는 과정에 있습니다.

D-185

평범한 능력을 갖춘 사람들도 때로는
그만두는 시점을 잘 몰라 걸출한 성공을 달성한다.

조지 E. 앨런

모든 일에는 관성이 붙습니다.
지속적으로 본인의 노력 역치를 늘려가다 보면, 그 자체의 재미에 빠져 실력이 기하급수적으로 늘어납니다.
이게 바로 평범한 사람이 타고난 천재를 이겨버리는 메커니즘이죠.

D-180

마부위침(磨斧爲針)
도끼를 갈아 바늘을 만든다.

사자성어

결코 작은 노력들의 가치를 무시하지 마세요.
집에 가기 전, 한 장이라도 더 보는 것은 얼핏 보면 사소해 보일 수 있습니다.
하지만, 그 한 장이라도 더 보겠다는 마음가짐은 결코 작지 않습니다.
그런 작은 시간들이 차곡차곡 쌓여, 결국 180도 다른 당신의 미래를 만들어냅니다.

D-184

변화는 고통스럽다.
하지만 자신이 있어야 할 곳이 아닌 곳에
머무르는 것은 더 고통스럽다.

존 맥스웰

인간은 결코 한 자리에 머무는 존재가 아닙니다.
앞으로 나아가는 길은 노력이라는 고통을 수반하지만, 성장을 동반한 유쾌한 고통입니다.
반대로, 아무것도 하지 않고 가만히 있는 것은 편해 보일 수 있지만, 멈춘 자신, 퇴보하는 자신의 모습에 더 깊은 고통을 겪게 됩니다.
당신은 성장의 고통과 정체의 고통 중 어떤 것을 선택할 건가요?

D-181

불가능(Impossible)이란 없어요.
그 단어 자체에서 '나는 가능하다(I'm possible)'라고
말하고 있잖아요.

오드리 햅번

지금 당장은 목표가 멀고 터무니없게 느껴질 수 있습니다.
하지만 '안 될 것 같아'라는 생각보다 '될 것 같아!'라고 생각해 보세요.
가능성을 바라보는 시각이 당신의 인생을 바꿉니다.

D-183

네가 이같이 미지근하여
뜨겁지도 아니하고 차지도 아니하니
내 입에서 너를 토하여 버리리라.

요한계시록 3장 16절

합격을 하고 싶다면 마인드 세팅을 확실히 해야 합니다.
남들 하는 만큼만, 적당히 할 생각이라면 차라리 다른 길을 알아보는 게 낫습니다.
자기 자신에게 떳떳하게, 누구보다도 열심히 했다는 생각이 들 때 비로소 합격의 길이 열릴 것입니다.

D-182

학교 선생님이 까다롭다고 생각되거든
사회에 나와서 직장 상사의
진짜 까다로운 맛을 한번 느껴보라.

빌 게이츠

어른들은 흔히 공부만 할 때가 좋을 때라고 말을 하곤 합니다.
사회는 나 혼자 열심히 하고, 잘한다고 해서 인정받을 수 있는 구조가 아니기 때문이죠.
나의 노력과 실력을 온전히 인정받을 수 있는 건 시험 점수뿐입니다.
스스로의 가치를 올릴 수 있는 이 기회, 놓칠 건가요?